言葉でアイデアをつくる。

問題解決スキルがアップする思考と技術

仁藤安久
Nito Yasuhisa

ダイヤモンド社

はじめに

いま、どんなアイデアを必要としていますか？

あなたが、この本を手にとっていただいた理由は何でしょうか。

会社の仕事でもっとアイデアを出せるようになりたいと考えたからでしょうか。地域活性化などの活動で何らかのヒントを得たいと感じたからでしょうか。

たしかに、ビジネスや社会活動において「アイデアが必要」というシーンや状況は、多々あります。

・小売の現場で販売促進のプランを考えないといけない
・顧客満足度をアップさせる方法を考えてと言われた
・若い世代に刺さる新商品のアイデアを求められた
・収益性の高い新規ビジネスを考えないといけない

・頭の固い上司に「いいねぇ」と言わせる方法をひねり出したい
・周囲の協力が得られそうな研究テーマを考えたい
・部下のモチベーションを上げる方法はないか

このように並べてみると、どれも根本は共通しているように見えます。

それは、「ある問題が存在していて、その解決法を考えたい」ということです。

アイデアとは、何らかの問題解決に役立つもののこと

いくらユニークな発想であっても、それが、何かしらの問題解決に対して機能していなければ、それをアイデアと呼ぶことはできません。

この本では、主に「ビジネスの現場で役立つアイデアの技術」について書いています。どんなビジネスにおいても、個人でアイデアをつくる技術だけではなく、チームとしてアイデアを強くしていく技術が必要です。

そのため、この本の前半では、個人のアイデア発想の技術について、後半では、チームでアイデアをつくり、強化し、実行していく技術について書いています。

言葉は、最速で最安のプロトタイピングツール

私は、コピーライターという肩書で仕事をしていますが、コピーライターには大きく2つの役割があると思っています。

ひとつが、皆さんが広告などで目にする**キャッチコピーを書く**という役割。

もうひとつが、ビジネスやプロジェクトのスタート時に、**アイデアやコンセプトを言葉でつくり出す**という役割です。

リレーに例えると、プロジェクトにおいて最後に価値を伝えるアンカーとしての役割と、プロジェクトのはじまりにおける第一走者の役割です。

私は、どちらかというと第一走者の役割に重きを置いて、コピーライターの仕事を行ってきました。言葉のプロとして、事業やプロジェクトのスタートに関わることにより、ビジネスの成否により大きく関与できると思ったからです。

私は常々「言葉は、最速で最安のプロトタイピングツールである」という持論を唱えています。プロトタイピングとは、システム開発などにおいて使われている概念です。本格的な開発に入る前にプロトタイプ（試作品）をつくり、ユーザーテストの結果を得ながら

仮説のアイデアの精度を高めていくものです。

そんなプロトタイピングモデルの考えと同じように、ビジネスにおける問題解決についても、実施の前にプロトタイプをつくり、アイデアの検証や改善を行うことができたら、と思い、言葉でアイデアをつくり検証していくことを続けてきました。

本書では、その経験に基づき、どうアイデアを発想するか、だけではなく、アイデアを検証したり、再構築するための方法にまで言及しています。

「言葉」は誰しもが、無料で使えるものです。だからこそ、言葉でアイデアを形にしたり、よりアイデアを強いものに改良していく開発の手順を自分やチームの中で導入することができれば、早く、コストも安く、問題解決に役立つアイデアをつくっていけるはずです。

「アイデアを出すのが苦手」と、思い込んでいる人にこそ読んでほしい

私はこれまで、社会人向けのオープンカレッジや、企業における研修、さらに地域づくりに関わる人たちへの講座など、あらゆるビジネスの現場の方に「アイデアを生みだすこと」をテーマとした講義を行ってきました。

そこで出会った方たちに共通するのは、自分自身を「フツーの人」もしくは、「アイデ

アを出すのが苦手な人」と思い込んでいるということでした。

しかし、そういう方たちにこそ、アイデアを武器にしてほしいと考えています。なぜなら、一人ひとりがアイデアを生みだす技術を持てれば、企業や地域が変わり、世の中が変わっていく大きなチカラになるからです。

この本は、自分自身のことを「ごく平凡な人間」だと考えている人たちに向けて書きました。なぜなら、私自身が、アイデアを出すのが苦手で、アイデアと向き合う時間が苦しくてたまらなかったフツーの人だったからです。

私がどんなところでつまずいたのか。どう試行錯誤して、どう乗り越えてきたのか。そんな私自身の経験も織り交ぜながら、アイデアを問題解決の武器にしていくコツをお伝えしていきます。

各章の内容は、以下の通りです。

第1章では、アイデアとは問題解決に役立つもので、発想を阻害する4つの思い込みがあることを説明します。

第2章では、アイデア発想の基礎としてアイデアが生まれる仕組みとは何か、「問題」と「解決」を分けて考えること、私が仕事で使っている「アイデア分解構築シート」について解説します。

第3章では、アイデア発想のアクセルとなる技術について。私自身が普段、どのようにアイデア発想法を使っているのか、という点について事例ベースで紹介しています。

第4章では、個人ではなく、チームとしてアイデアを生みだすための技術についてお話しします。

第5章では、数あるアイデアの中からベストなもの、「いいアイデア」を見極める技術やそのコツについて述べました。

第6章では、アイデアを実現させていくために必要な、アイデアの実現や広げる仲間を増やす技術について。

第7章では、即座に消費されてしまうことなく「成長しつづける」ブランドや商品・サービスを生みだす秘訣について書きました。


前半の3章までは、主に個人でアイデアを出す技術について、後半の4章から7章まではチームのアイデア力を高める技術、いいアイデアを選ぶコツ、アイデアの実現を加速する仲間を増やす（周りから応援される）技術について説明しています。個人とチームの両面からアイデアを生みだす技術やアイデア力を高める方法について解説しているところが、他にない本書の大きな特徴と言えます。

次ページの図1が本書の全体構成です。アイデアをつくっていく過程とともに、アイデア力を鍛える点についても多く言及しています。単なるアイデアを簡単につくれるハウツー本ではなく、仕事の中での実践を通じて、より強いアイデアをつくっていける筋力がつくことを目指しました。
「アイデアを出すのが苦手」と、思い込んでいる人にとって役立つ本にしたい。そんな決意を持って執筆しました。ぜひ、最後までお付き合いください。

2024年1月

株式会社Ｑｕｅ取締役　仁藤安久

個人やチームで、アイデアをつくる筋力や技術が足りない部分を確かめてみましょう。

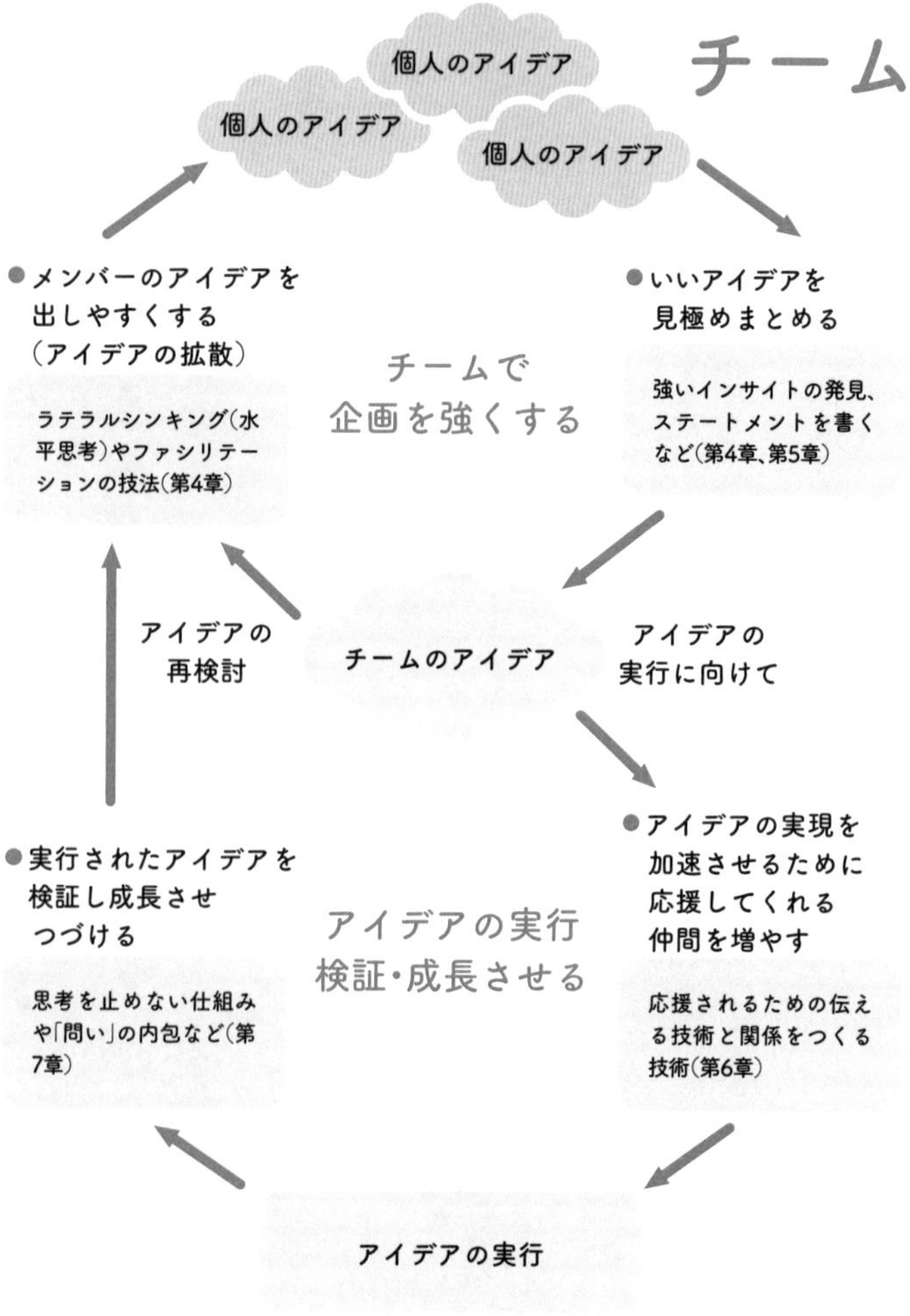

チーム
個人のアイデア
個人のアイデア
個人のアイデア
●メンバーのアイデアを出しやすくする（アイデアの拡散）
ラテラルシンキング（水平思考）やファシリテーションの技法（第4章）
チームで企画を強くする
●いいアイデアを見極めまとめる
強いインサイトの発見、ステートメントを書くなど（第4章、第5章）
アイデアの再検討
チームのアイデア
アイデアの実行に向けて
●実行されたアイデアを検証し成長させつづける
思考を止めない仕組みや「問い」の内包など（第7章）
アイデアの実行
検証・成長させる
●アイデアの実現を加速させるために応援してくれる仲間を増やす
応援されるための伝える技術と関係をつくる技術（第6章）
アイデアの実行

図1 仁藤式「言葉でアイデアをつくる」チャート

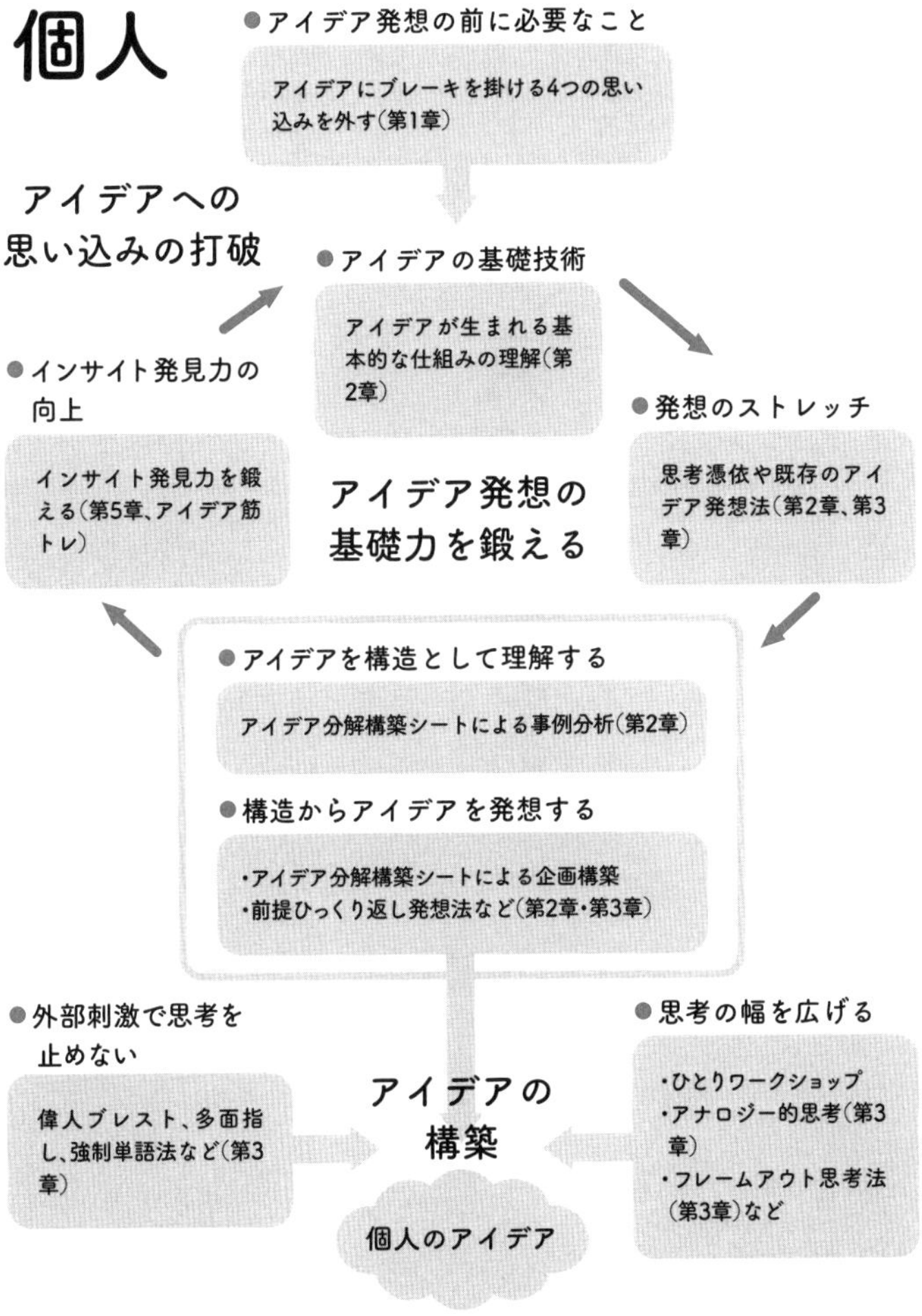
個人
●アイデア発想の前に必要なこと
アイデアにブレーキを掛ける4つの思い込みを外す（第1章）
アイデアへの思い込みの打破
●アイデアの基礎技術
アイデアが生まれる基本的な仕組みの理解（第2章）
●インサイト発見力の向上
インサイト発見力を鍛える（第5章、アイデア筋トレ）
アイデア発想の基礎力を鍛える
●発想のストレッチ
思考憑依や既存のアイデア発想法（第2章、第3章）
●アイデアを構造として理解する
アイデア分解構築シートによる事例分析（第2章）
●構造からアイデアを発想する
・アイデア分解構築シートによる企画構築
・前提ひっくり返し発想法など（第2章・第3章）
●外部刺激で思考を止めない
偉人ブレスト、多面指し、強制単語法など（第3章）
アイデアの構築
●思考の幅を広げる
・ひとりワークショップ
・アナロジー的思考（第3章）
・フレームアウト思考法（第3章）など
個人のアイデア

目次

第2章「アイデア発想」の基礎技術

第3章

「アイデア発想」の応用技術

第4章 チームでアイデアを生みだす技術

第5章

「いいアイデア」を見極める技術

第6章 アイデアの実現を加速させるための仲間を増やす技術

第7章

成長しつづけるためのアイデア

第1章

「アイデア発想法」の前に必要なこと

アイデアの才能がゼロだった私

私がアイデアにまつわる講義を行うとき、初めに同じ質問をします。

「この中で、アイデアを出すのが得意な人は手を挙げてください」

するとどうでしょう。ほぼ手が挙がってきません。

同様に、「自分のことを創造的だと思っている人」という問いかけに対しても、ほとんど手は挙がりません。

受講生の多くは、自信なさげな顔をしています。そんな彼らに対して、講義の次のスライドには「大丈夫です。むしろほっとします」という言葉を用意しています。なぜなら、アイデアへの自信のなさが痛いほどわかるからです。

私も、かつては、この受講生たちと同じでした。

学生時代からアートやアイデアについて興味はありましたが、自分にはそのような才能はないと思い、才能がある人をサポートする仕事をしたいと考えていました。新卒で入った会社は広告代理店で、しばらく営業をしていました。そこで出会うクリエイターの方々は、自分とは違う頭の構造をしているとしか思えず、ただただすごいと感じていました。

しかしそんな中、偶然が重なってクリエイティブの部署に異動となりました。そして、コピーライターという名刺を持ち、クリエイターと呼ばれるようになってしまったのです。

クリエイターになると、アイデアを生みだす仕事を次々と振られます。あるとき言われたのは、こんな課題でした。

「ファストフードチェーンA社の食事が、健康ではない食べ物と思われている。この状況を打破するために、どんな広告をつくればいいのか。3日後にアイデアを持ち寄る社内会議をするから、新人もアイデアを持ってくるように」

新人ですから、時間はいっぱいありました。考えに考えて、でも、それを解決するような方法はまったく思いつきません。思考は、同じようなところをぐるぐる巡り、何か思いついたとしてもそれは取るに足りないものに思えて、消して、また考えてもいいアイデアには到達することができず……。

結局、その社内会議にひとつもアイデアを持っていくことができなかったのです。

「考えてはみたのですが、ひとつも思い浮かびませんでした」

と言いながら、うつむいたら涙が出てしまいました。

先輩たちも、呆れるというよりも困惑している様子です。他の新人たちは、数え切れないほどアイデアを出していました。このようなことが、一度ではなく何度か続き、私はすっかり自信をなくして転職活動をはじめるほどでした。

学生時代の友人から相談されたことが転機に

そんなとき、学生時代の友人から相談を持ちかけられました。バッグをつくる会社をつくったのだけど、どうやって売っていくのがいいのか、素人ながら手探りでやっている。ぜひプロとして、マーケティングやコミュニケーション、ブランディングについて一緒に考えてほしい、と。

私は、自信を喪失していたので、一度は断ったのですが、他に頼る人もいないと言われ、手伝うことにしました。広告代理店の仕事を終えたら、彼らが待っている場所に行き、夜な夜なディスカッションを重ねていく。考えるべきことは、山ほどありました。

商品に興味を持ってもらうため、ＰＯＰには何をどう書いたらいいのか。サイトをつくるときに、ブランディングと買ってもらうためのＥＣサイトは、どのように両立させればいいのか、どんな会社だと伝えたらお客さまやパートナーから興味を持ってもらえるのか、そもそも消費者は、どんな商品を求めているのか……。

ひとつひとつ取り組んで、考えたことはすぐに実行していきました。そして、お客さまの反応を見て、またアイデアを考えるということを続けていきました。

この経験が、私を大きく変えてくれたのです。

本業の広告代理店での仕事では、先輩に認めてもらうことばかりを考えていて、自分に与えられた範囲のことだけを考えていました。

しかし、その駆け出しの会社での仕事は、「売れるために」「強いブランドをつくるために」という目的のためには、何でもよいからアイデアが必要だ、という状態でした。自分は、コピーライターだから言葉だけを考えていればいい、ということではなく、売上を上げるというビジネスの目的のために、どんなことでもいいから有効なアイデアを考えることが求められていたのです。

考えることは山ほどあって、アイデアの良しあしによって、そのブランドが成功するかしないのか、が決まっていく。だからこそ、本当にいいアイデアをつくらなければいけない、そんな覚悟が生まれていきました。

経営者と同じ目線になって、無我夢中でアイデアを考えていました。それは、楽しいプロセスでもありました。自分がポロッと思いついたことを言うと、「それは、あるかもしれない」とみんなでアイデアを広げようと試みる。アイデアを考えることは、苦しいことではなく、みんなでいいアイデアを目指すということを共有できていれば、楽しいことなのだと再発見しました。

そんな経験を重ねるうちに、私の広告代理店の中での仕事の取り組み方も徐々に変わっていきました。キャンペーン全体について考える、ビジネスの全体像を考える。その中で有効となる「消費者のツボを押す」ようなアイデアはないか、と考えられるようになったのです。

そこから、**アイデアというものを武器にしようと思い、試行錯誤をしながらいまに至ります。**この自信喪失をしていた私に相談してくれた会社は、バッグをはじめ、ジュエリーやアパレルまでを手掛けるマザーハウスです。社長でデザイナーの山口絵理子さん、そして、副社長の山崎大祐さんは、私の窮地を救ってくれた恩人でもあります（本人たちにはきちんと伝えたことはありませんが）。

自分にとっていちばん不幸なことは何か

ちなみに、山崎さんとの間にはもうひとつ、私の人生に影響を与えたエピソードがあります。それは、学生時代の話。

山崎さんは、就職活動において、外資系金融の会社に行くことを決めます。当時から彼はあらゆる社会問題に対して関心を持ち活動をしていたので、少し意外でもありました。そこで、なぜそのような選択をするのか、疑問を投げかけました。すると、彼の答えは次のようなものでした。

「世の中で、いちばん不幸だと思うことは何か。自分にとっては、素晴らしいアイデアや、素晴らしいアイデアを生みだせる人がいるのに、お金がないなどの制約によって、彼らのアイデアが実現しないことがいちばん不幸だと思った。だから、まず、素晴らしいアイデアに対して資金を提供するなど、世の中に価値を生みだすためのチカラをつけたい」

この言葉に私は影響を受けました。そして、自分にとっていちばん不幸だと思えることは何か、と考えたのです。

私は彼が話した文脈そのままに、

「自分にとっていちばん不幸だと思うことは、素晴らしいアイデアから生まれたモノやサービスがある中で、それを必要としている人がいるにもかかわらず、『知らない』ということで世の中にないのも同然となっていること。だからこそ、『伝える』ことのプロになって必要としている人のもとに、必要なものを的確に届けられるようになりたい」

と思い、広告代理店に就職をしたのです。

マザーハウスのお手伝いをすることは、この学生時代の私の思いを再確認することでもありました。

なぜ、いまアイデアが重要視されているのか

「この20年で音楽業界をいちばん変えたのは誰でしょう」という質問を投げかけられたら、あなたは、どんな人や企業を思い浮かべますか。

世界的なバンドや、アーティストでしょうか。ユニバーサルミュージック、ソニーミュージック、ワーナーミュージック、エイベックスといった大手の音楽レーベルでしょうか。ボーカロイドといった新しい表現手法を生みだしたヤマハでしょうか。

私が受け持っているとある講義の中で、この質問を投げかけてみると、多くの人からiTunesをつくったアップルやYouTubeを持つGoogle、スポティファイ・テクノロジーなどのテクノロジー企業が挙がります。たしかに、彼らによってCDからデータへメディアが変わっただけでなく、音楽の所有の仕方も変わり、ヒットの法則も、アーティスト発掘のあり方も変わったと言えるでしょう。

ここで着目すべきは、アップルやGoogleといった音楽業界以外のプレイヤーが新しい

アイデアを引っさげて乗り込んできて、業界に地殻変動をもたらしたということです。
これまでの常識が一変し、新しい常識の中でまた、アイデアの勝負が求められている。音楽業界に限らず、あらゆる業界に通じることではないでしょうか。

あなたがいまいる業界ではどうでしょうか。音楽業界ほど顕著ではなくても、近しいことが起こっているのではないでしょうか。

昔はよかった、とネガティブに考えてしまう方もいるでしょう。

しかし、楽観的に考えてみると、逆も然り。

アイデアがあれば、これまでの業界にとっての常識を破壊し、新しいチャンスをつくりだすこともできるし、アップルやGoogleのように、違う業界にアイデアを引っさげて乗り込んでいくこともできる時代なのです。

広告の起源は、紀元前1000年

私がキャリアとして歩んできた広告業界でも、同じようなことが言えます。2022年には、デジタル広告費がテレビを含むマスコミ4媒体の広告費を抜き、地殻変動が起こっています。さらには、広告という定義自体が揺らいでいます。

広告というのは、そもそも言葉の通り「広く告げる」というもの。多くの人に伝えることで、何かしらの問題解決ができてきました。

広告の起源は、紀元前1000年頃とも言われています。大英博物館に保管されている古代エジプトのテーベの遺跡から発掘されたパピルスには「逃亡した奴隷シェムを連れ戻してくれたら、お礼に金環を渡す」と書かれています。「ある行為をした者に一定の報酬を与える旨を広告」という懸賞広告に当てはまります。

いまも警察署の指名手配ポスターなどで見ることができるでしょう。広告は、このような起源から発展し、商品を購入してもらうため、企業や活動を好きになってもらうことなど、あらゆる目的に「広く告げる」ことで問題解決を図ってきました。

しかし、現在はどうでしょうか。ただ広く告げるだけでは、問題解決ができないことが多くなってしまったのです。情報量が爆発的に増大して、広告として発信される情報は、ノイズとして受け止める人も多いのが現状です。3000年あまりも続いてきた「広く告げれば問題解決できる」という常識が、いま揺らいでいるのです。

だからこそ、広告は、ただ「広く告げる」ということを飛び越えて、様々なアプローチが試みられています。

世の中の空気をつくっていくような「戦略ＰＲ」だったり、これまでの問題解決の手法にとらわれずに「何でもあり」的な考え方でプランニングを行う「コミュニケーションデザイン」だったり、必要な人に的確な情報として伝える「アドテク」やマーケティングにおける「データ活用」だったり、消費者の体験をどのように設計するかを考える「エクスペリエンスデザイン」だったり、企業の社会的なアクションや「パーパス経営」というものも重要視されているのです。

広告が担ってきた問題解決は、いまでは広告代理店だけが行うものではなく、あらゆる業界の人たちに必要とされているのです。


もう一度お聞きします。あなたの業界では、どうでしょうか。

・これまでのルールが通用しなくなった
・かつてのやり方では成果が出なくなった
・ディスラプターや新しいプレイヤーが新たなライバルとして現れてきた……

そこでは、新しいルールでのゲームがはじまっています。

そして、これまでの前提や思い込みを外して、問題解決のためにアイデアを考えていくことが求められているのです。

アイデアは、特別な人たちだけが考えるものではなくなりました。すべての人が向き合い、スキルとして身につけていくべき時代だと考えています。この本を手にしてくださった方は、それに気づいている人たちだと思います。

アイデアにブレーキをかける4つの思い込み

私が新人だった頃を振り返ってみると、**自分自身でアイデアにブレーキをかけていました。**

自動車を運転することを思い浮かべてください。アクセルを踏めば自動車は動きます。アイデアにおけるアクセルは、アイデア発想法のようなものだと思います。世の中には、様々なアイデア発想法があります。インターネットで検索してみれば、あらゆるアイデア発想法が出てきます。当時の私も、アイデア発想法をあれこれ調べては使っていました。しかし、出された課題に対して、ひとつもアイデアを持っていくことができない、という日々が続いたのです。

もちろん、アイデア発想法を利用するのは、有効な手段です。しかし、かつての私もそうであったように、アイデアが苦手、と思い込んでいる人が最初にすべきことは、アクセルを踏むことではなく、同時に踏んでしまっているブレーキを外すことです。

ブレーキは、あなたのココロに存在します。そして、そのブレーキを外すための方法はひとつです。それは、「私にもアイデアは出せる」と自分を信じることです。

あなたは、どうでしょうか。

私は、学生や社会人の方々に講義をする中で、アイデアに対する間違った思い込みが、アイデアを出すことを阻害していることが多いと感じています。サイドブレーキを引いたままアクセルを踏んでいないでしょうか。また、ブレーキペダルを踏んだまま、アクセルペダルを踏んでいないでしょうか。

私自身がそうであったように、多くの人が、アイデアにおけるブレーキを自分自身で踏んでしまっています。それは、自分にはすごいアイデアなんて出せるわけがない、というアイデアに対する勝手で残念な「思い込み」です。それが、ブレーキとなっているのです。

このブレーキとなる「思い込み」は、大きく4つあります。

1. 「アイデアはゼロから生みだすもの」という思い込み
2. 「自分は創造的ではない」という思い込み

3.「ホームランのアイデアでなければいけない」という思い込み
4.「正しいことこそが答え」という思い込み

以下、この4つについて、どういうことか説明していきます。

アイデアをつくることが苦手という方は、自分の経験と照らし合わせながら、ココロの中にブレーキが存在していないか検証してください。このブレーキを外すだけでも、アイデアは生みだしやすくなるはずです。

1 「アイデアはゼロから生みだすもの」という思い込み

アイデアにおける偉人というのは、多くいます。

私は、トーマス・エジソンや平賀源内、ヘンリー・フォードなどが好きで、昔から彼らに憧れていました。

彼らを勝手に天才と崇《あが》めて、彼らのように「天から降りてきたような閃《ひらめ》き」でなければいけないと思っていました。しかし、それがブレーキとなっていたのです。ほんの小さなアイデアでも、ちょっとした気づきのアイデアでも、「いいアイデア」につながる可能性があるものなのに、自分の中で「取るに足らないもの」と切り捨ててしまっていました。

自分と天才たちの間には、何かまったく違う才能のようなものがあって、フツーの自分にはアイデアなんて出せないと思い込んでいたところに、アイデア発想にブレーキをかける要因がありました。

私は、アイデアもアートも同様に、ゼロから何かを生みだすもので、閃きのような発想は、天から降ってくるようなものだと考えていたのです。

しかし、あるときから少しずつ、それはちょっと違うと考えるようになってきました。いろいろな業界で活躍しているクリエイターやアーティストは、私が想像しているような天才とは違い、陰で地道な努力をしていることがわかったからです。

その頃から、クリエイターやアーティストと出会ったときに、同じ質問を投げかけるようにしています。

「過去の作品や事例を見て、勉強をするのですか？」

すると、どうでしょう。皆さん例外なく「勉強している」という答えが返ってくるのです。しかも、活躍している人ほど、マニアックなレベルで、頭の中に過去の作品や事例がアーカイブされていることがわかりました。

過去の偉人たちの言葉を探してみると、彼らの考えには共通したものが見えてきます。

「芸術とは盗むことだ」パブロ・ピカソ

「僕がじっくり鑑賞するのは、盗めるところがある作品だけだ」デヴィッド・ボウイ

「何かを『オリジナル』と呼ぶやつは、十中八九、元ネタを知らないだけだ」ジョナサン・レセム（小説家）

「とてもいいと思った誰かのコピーをしよう。真似して、真似して、真似して、真似していると、自分が見つかる」山本耀司

「何もまねしたくないなんて言っている人間は、何もつくれない」サルバドール・ダリ

当然ながら、彼らが言っているのは「パクリ」とは違います。

この部分については後で詳しく述べますが、過去の作品からその構造や技を自分で使える道具にしたり、既存の考え方や要素を発展させたり、既存のアイデアとアイデアや要素同士を組み合わせたり、というところにアイデアがあると言っているのです。

アイデアは、まったくのゼロから生みだすものではないのです。そう考えると、少し肩のチカラが抜けてきませんか。勉強していくことが大事、と言われると、真面目な自分にもチャンスはありそうだ、と私は思うようにしています。

2 「自分は創造的ではない」という思い込み

いまだから自信を持って言えますが、そもそも世の中には創造的ではない人なんていません。幼児の創造教育のひとつであるレッジョ・エミリアアプローチの中では「子どもは100の言葉を持っている、しかし、そのうち99は奪われる」と言われています。

たしかに、子どもは無邪気で、そして、常に本質的です。

子どもが持っているような発想のまま大人になれれば「アイデアの芽」をたくさん出せるはずです。

しかし、99が奪われる、と言われているように、

「ゼロから生みださなければいけない」

「ホームラン級の革新的なアイデアでなければいけない」

「正しくなければいけない」

という思い込みを年齢を重ねていく中で身にまとい、自らのアイデアにブレーキをかけているのです。私が、テレビ東京系の『シナぷしゅ』という赤ちゃんや幼児向け番組でコー

ナー企画を行っているのは、人間が誰しも持っている創造力をどう伸ばすのか、ということに関心があるからです。

日本では「間違えてはいけない」という思い込みが強い

では、大人に対しては、何ができるでしょうか。

先ほどお伝えしたように「アイデアを出すことに自信がある人は手を挙げてください」という質問を投げかけると、ほとんど手が挙がりません。このような現状は、変えなければいけないと思っています。

心持ちを変えましょう、というだけでは足りません。アイデアを生みだす「環境」を変える必要があるのです。

私は「自分は創造的ではない」という思い込みは、家庭や学校、職場などにおいて、周囲からの影響でつくられたものだと考えています。ですから、変えるべきは「環境」です。一人ひとりが幼少期からやり直すわけにもいかないので、せめて目の前のアイデアを生みだす環境を変えましょう。

課題の解決に向かう最初の閃きとも言える「アイデアの芽」は、とても脆《もろ》いものです。

それを、「つまらない」と否定することはとても簡単です。

しかし、芽は摘むものではなく大事に育てるものだ、と個人はもちろん、チームや会社、そして社会全体が思えたら、いまの環境は変わるはずです。

組織行動学のエイミー・エドモンドソンが1999年に提唱した心理的安全性は、「チームの他のメンバーが自分の発言を拒絶したり、罰したりしないと確信できる状態」と定義されていています。メンバー同士の関係性で「このチーム内では、メンバーの発言や指摘によって人間関係の悪化を招くことがないという安心感が共有されている」ことが重要だと言われています。Googleが、「生産性が高いチームは心理的安全性が高い」との研究結果を発表したことでも注目されました。

特に、日本においては「間違えてはいけない」という思い込みが強いように思えます。だからこそ、チームでアイデアをつくり、いいアイデアに発展させていくには、リーダーの役割が大事になってきます。心理的安全性を確保して、メンバー一人ひとりのアイデアを意味のあるものだとフィードバックして、誰もが創造的な人間だと思えるようにすること。

環境づくりで、アイデアのブレーキを外しましょう。

この点については、第4章「チームでアイデアを生みだす技術」でも詳しく触れています。

3 「ホームランのアイデアでなければいけない」という思い込み

3つ目のアイデア発想を阻害している思い込みは、世の中を変えるような大きなアイデアでなければアイデアとは言えない、という思い込みです。

アイデアを評価するときに、どれだけ斬新で新しいものなのか、といった「新規性」と、どれだけ課題に対して効果のあるものなのか、という「有用性」の掛け算で考えることが多いでしょう。

そのときに、どちらも最大限に振り切った「最高の新規性×最高の有用性」のものを出さないといけない、と思い込んでいる人が多いように思います。

それは、歴史に残るようなすごいアイデアをベンチマークにしているからです。

誰もが知っているというのは、世の中で「好事例」として取り上げられているような大ヒット商品や画期的な発明などのことです。

そんなレジェンド級の大きなアイデアをベンチマークにしたら、どんなアイデアも「取るに足らないもの」として否定されてしまうでしょう。

しかし、想像してみてください。

そんな、社会を変えるような革新的アイデアは、発想した段階から「これは世の中を変えるアイデアだ」と確信していたものなのでしょうか。

そうではなく、これは可能性があるかもしれない、というわずかな期待を持ち、それを検証し広げて、世の中に投げかけて、次第に広がっていったというもののほうが多いのです。

そう考えると、ホームランのようなアイデアなのか、と最初に判断するよりも、少しでも新規性や有用性の「芽」があるのか、という視点でアイデアを見るべきなのです。

創造性の4タイプ

アイデアや創造性の研究を少し見てみましょう。

創造性の研究において、アメリカの心理学者ジェームス・カウフマンたちは、図2のように創造性のタイプについて4Cというタイプ[1]を示しています。

アイデアを出すチカラは、技術や経験によって得られるものですが、一朝一夕で、トッププレイヤーのようになれるわけではありません。この本でもお伝えしていくフレーム

1 Kaufman, James C., and Ronald A. Beghetto. "Beyond big and little: The four c model of creativity." Review of General Psychology 13.1 (2009)

図2 創造性には4タイプがある

Big-C	歴史に残るような革命的な創造性
pro-c	プロフェッショナルの創造性。専門家やその分野の職業として十分なレベルの新しいアイデア
little-c	日常生活の中での創造性。毎日の中で、工夫、新しい問題解決のアイデアや考えを実行したり、個人的に成長していく
mini-c	個人の内的な創造性。活動、体験や出来事を自分なりに意味のある新しい解釈をすること。アイデアを持ち行動する

ワークを知ったとしても、それを使いこなして自分のものにするには、それなりに時間もかかります。技術の習得には、成長の段階があるのです。

図3のように、小さな創造性から大きなものへとつながっているようです。

いきなりBig-Cを狙うというよりも、まずはmini-cといった内的な創造性に着目し、「経験、行動、出来事の斬新で個人的に意味のある解釈」を大切にしてコツコツとはじめてみましょ

図3 小さなアイデアが大きなアイデアにつながる

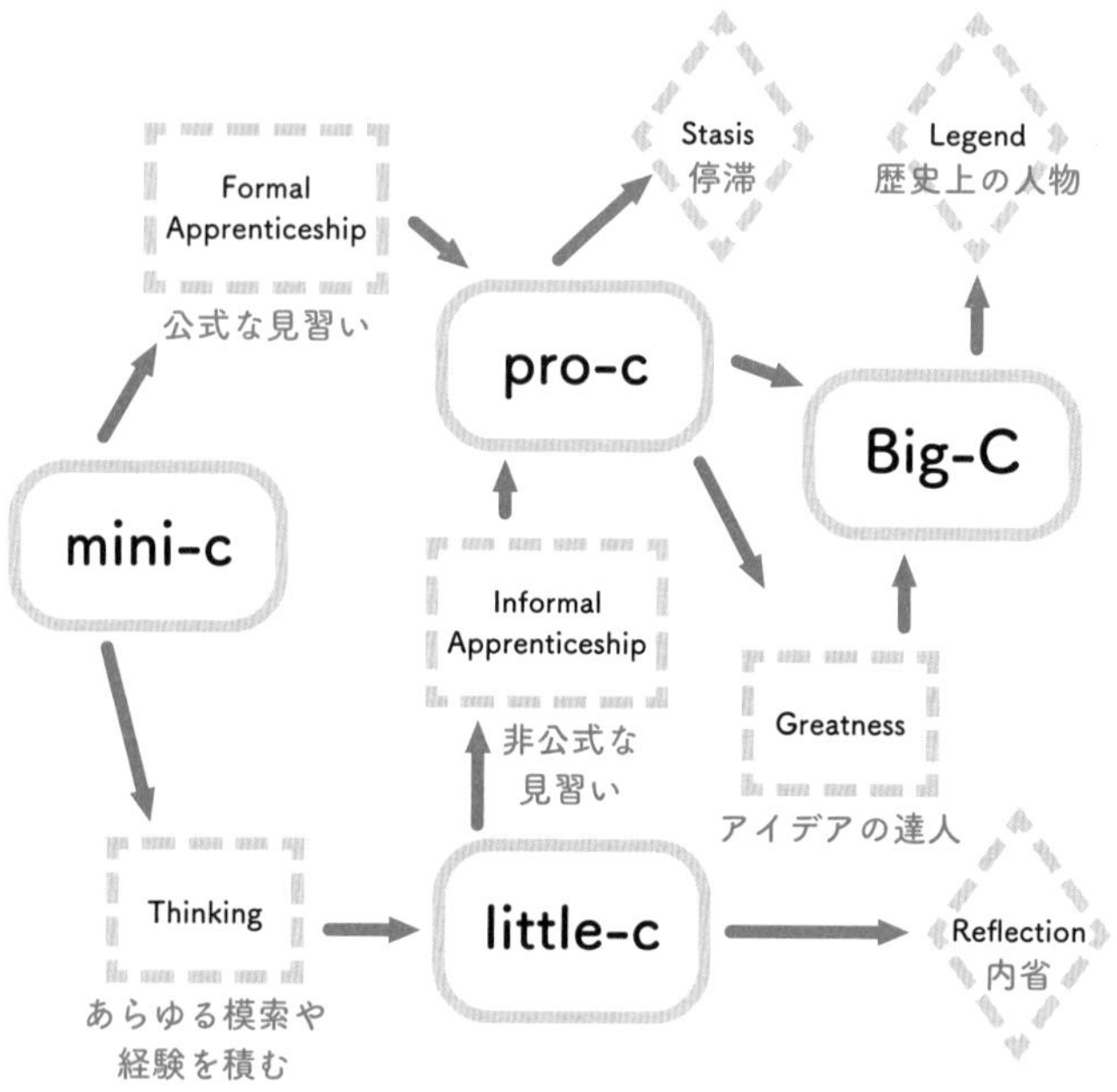

う。そんな小さなアイデアの中に、大きなアイデアにつながる芽があります。

最初から完璧なアイデアを出す必要はない

この成長の段階があるということに補足して、お伝えしたいことがあります。それは、「適切な段階で、適切な学びをするべき」ということです。スポーツを例にとってみればわかりやすいでしょう。

たとえば、サッカーボールに初めて触れる人に対して、最先端のチーム戦術を徹底的に叩き込むことは、サッカーがうまくなるための近道ではないでしょう。その前に、ボールを的確に止める、ボールを的確に蹴る、という基礎技術の習得が大事です。

私が、アイデアをひとつも持っていくことができなかった新人の頃に、頭の中で反芻《はんすう》していた言葉があります。

それは、「**アイデアとは、複数の問題を一気に解決するものだ**」というものでした。

これは、『ドンキーコングシリーズ』や『スーパーマリオシリーズ』の生みの親として知られる任天堂のプロデューサー宮本茂さんの言葉です。

これは、とても正しい示唆です。しかし、この情報が、当時の私にはアイデアについてブレーキをかけてしまっていた原因でもありました。

これは、先ほどの4Cでいうと、Big-Cやpro-cのアイデアを出すときに示唆となる言葉です。それらを出すことができるレベルにまで到達していれば、何も問題はないのですが、アイデアを生みだすことが素人レベルの私にとっては、アイデアそのものへのハードルを上げてしまい、どんなアイデアでも取るに足りないアイデアだと思ってしまう原因にもなっていたのです。

アイデア発想にブレーキをかける3つ目の思い込みとして挙げた「ホームランのアイデアでなければならない」というのは、ひとつのアイデアですべての問題を解決しなければいけない、というものです。

これは、真面目で勤勉な人ほど持ちやすい思い込みです。

自分だけで、なんとか現状を打破しないといけない、という責任感が強い人ほど、自分のアイデアのハードルを高く持ちすぎているように思えます。

しかし、ビジネスは、基本的にチームで行うものです。**最初から完璧なアイデアを出す必要はありません**。それよりも、アイデアの芽となるようなものをチームに提示して、それをみんなで発展させていけばいいのです。

アメリカのビジネススクールでは、アイデアの芽を出した人をいちばんに評価する

アメリカのとあるビジネススクールにおける問題解決の議論を行うクラスでは、発言それぞれに点数がつけられるそうです。どんな内容でも発言をすれば、1点。エクセレントなアイデアを生みだした人には、2点。そして、あるアイデアを提示して、それが基になって、あらゆる人を刺激して結果としていいアイデアに発展したら3点。その発展させたアイデアを出した人に2点、というルールがあるそうなのです。

この配点の妙は、周囲を刺激するような「アイデアの芽（後にアイデアの起点となる発想軸ということで説明します）」を出した人をいちばんに評価していることです。アイデアの芽は、狙って出すのは難しい。だからこそ、完璧でなくても、部分的でもいいから、思いついたアイデアをチームにシェアすることを促しているのです。アイデアは、ひとりですべて担わなくていい。結果として、チームでいいアイデアをつくり出せればいいわけです。ひとりで、歴史に残るようなホームランのアイデアなんて出さなくていいのです。

この本では、ひとりでアイデアを出すだけではなく、どうチームで発展させて、いいアイデアに磨き上げていくのか、その方法について第4章で考えていきます。

4 「正しいことこそが答え」という思い込み

4つ目の、アイデアにブレーキをかけている思い込みは、先ほどのホームランというような「大きさ」ではなく、「正しさ」を求めすぎてしまうというものです。

ここでは、私の新人の頃のエピソードを紹介します。

ある日、アイデアを出せない私を見かねた先輩が、私を会議室に呼び出しました。そして、いきなりこう言ったのです。

「極端なことを言えば、キミの場合、学生時代に身につけたものは、全部忘れたほうがいいね」

突然の言葉に、返答できない私に先輩の話は続きます。

「キミは、これまで『いい子』として生きてきたと思う。勉強もそこそこできたし、先生からも気に入られてきただろう。学級委員とかもやったかもしれない」

たしかに、どちらかと言えば私は「いい子」だったし、学級委員をやったこともあった。こうすれば先生や親も喜ぶだろう、と思って、上手に振る舞ってきたところもある。それがどうしたと思っていると、先輩は続けます。

「でも、そういう奴ほど、最初につまずくんだ」

さっぱりわかりませんでした。これまでの自分を否定されたようで、頭にきてもいました。そんな私の気持ちもお構いなしに、先輩の話は続きます。

「なぜか、わかるか。『いい子』だったキミは、おそらくこういうことを言っていたと思うんだよ」

そう言いながら、先輩は、ホワイトボードにいくつかの言葉を書きました。

「廊下は走ってはいけません」

「いじめは、しない、させない、ゆるさない」

「ダメ、ポイ捨て。学校も街もきれいにしよう」

もちろん、そのままの言葉ではないけれど、私は同じようなことを言ってきたし、ポスターにも書いてきた気がした。何も言い返せないでいると、先輩はさらに続けました。

「どれも間違ったことは言っていない。むしろ、正しいことだろう。けれど、『正しい』だけでは人は動かない」

先輩は、どうだ、と言わんばかりの顔で私のほうを見つめています。

「廊下を走ってはいけないことも、いじめをしちゃいけないことも、掃除をちゃんとしたほうがいいことも、みんな知っている。だけど、できていない。ここに僕らの仕事の本質があると思うんだ」

これは、コピーライティングも、アイデアを出す、ということも同じことだと思うのだけれど、と先輩は言いながら、

「どれだけきれいな言葉を並べても、どんなにうまく言ったとしても、彼らを変えることはできないだろう」

「人の行動を変える、という目的があるならば、必要なのは正しさではない。美しい言葉でもない。そして、上手な言い回しでもない。ホントに人の行動が変わるほど、大きくココロを動かさなければいけない」

こんなことを話してくれました。

ココロを動かすアイデアとは

考えてみれば、まさにそうで、人は「タテマエ」よりも、「ホンネ」に耳を傾けるし、「正しい」ことより、「楽しいこと」「怖いこと」「嬉しいこと」「自分にとってメリットのあること」などにココロは動くものです。

私は、友達や家族の前では思いや気持ちに素直に向き合い、先生の前では「先生はこういうものを求めている」と想像していい子を演じるように、自分を切り替えて生きてきました。

そして、社会人になっても、先生の前でうまく対処できていた自分を、仕事にも応用しようとしていたのです。そして、先輩たちに怒られないように、正しいアイデアを出そうとしていました。

しかし、そんな思考から生みだされたアイデアは、面白いわけもなく、自分で見てもつまらないものでした。これでは人は動かせない、とわかっているから、ひとつもアイデアを出せなくなっていたのです。

この章の冒頭で触れた、私が駆け出しの頃に取り組んだファストフードチェーンの話には続きがあります。アイデアをひとつも持っていくことができず涙した私に対して、先輩は考えるヒントを出してくれました。

「ファストフードチェーンの抱えている問題は理解しているよね」

と先輩が言いました。

「キミは不健康だ、と思われている現状を、健康だと嘘を言おうとしたから苦しかったんじゃないか?」

でも、そういうお題でしたよね、と私が言うと、

「俺は学校の先生じゃないよ」

と返されました。

どういうことなのでしょうか。しばらく呆気にとられていると先輩は続けました。

「キミが見るべきは、俺ではない。課題をまっすぐに見ることだ。課題は、ファストフードが不健康な食べ物だ、と思われてしまい来店者数が減っている現状をコミュニケーションで解決することだよね。決してファストフードは健康であるという嘘を喧伝《けんでん》することではない。そう捉えてみると、どうだろうか」

たしかに、ファストフードが世の中に存在していい価値とは何か、というアプローチで考えてみるとアイデアの糸口は見えてきそうです。「健康と不健康」という軸ではなく、そのファストフードを見つめる違う軸を提案するようなことも考えられます。

真の課題を再設定する

たとえば、「楽しいとつまらない」という軸。

ハンバーガーで言えば、「手づかみで食べること」「口の周りを汚しても、無作法ではなくむしろ微笑ましく見えること」「外で食べたらよりおいしい」など、かしこまった料理よりも、ファストフードだからこその「認めてもらえる価値」が見えてきます。

「こんな楽しい料理、他にない」

とまで、言えるかもしれません。

ここでの学びは、正しいことを言うから人は動くわけではない、ということに加えて、最初に設定された課題を正しいと信じ込むのではなく、自分がアイデアを届けたい相手をまっすぐに見つめて、真の課題を再設定するということです。

このことは、日々の仕事に追われているとおろそかになりがちです。私たちの会社を、Que《キュー》と名付けたのも、ここへの戒めでもあります。課題を出されたときに、いきなり答えを考えはじめるのではなく、本当の課題は何かと疑い、質問を投げかけていくことこそが、いいアイデアを生みだすための近道でもあるのです。

思い込みを取り払うアンラーンには時間がかかる

ここまで、アイデア発想を阻害する4つの思い込みについて話してきました。

1.「アイデアはゼロから生みだすもの」という思い込み
2.「自分は創造的ではない」という思い込み
3.「ホームランのアイデアでなければいけない」という思い込み
4.「正しいことこそが答え」という思い込み

これらの中で、まさに自分に当てはまっているというものはあったでしょうか。

これまで当たり前と思っていたことを変えることは困難です。新しい知識を身につけるよりも、思い込みを取り払うアンラーンのほうが、時間はかかります。

巷にあふれるアイデアについての講義や書籍を見ていく中で、多くの人が、講義を受けた後や本を読んだ後は「できる」と思えるのだけど、実際の現場で活用しようとするとうまくできない、という現状があります。

その要因は、このブレーキを外すことが一朝一夕ではできないからなのです。

コラム アイデア筋トレ1

コンビニはアイデア筋トレのジムである

多くの人にとって身近な存在のコンビニエンスストア。

私はコンビニを、アイデアの筋力を高めるジムだと思っています。なぜなら、狭い空間の中に、厳選された商品が並んでいるコンビニは、あらゆる商品の中で「勝ち残った」ものだけが並んでいる空間だからです。

定番として陳列されているものも、新商品として並んでいるものも、あるターゲットに「購入される理由」が存在しています。

私はアイデアの筋トレとして、週に1度くらい「通常であれば、自分では購入しないもの」をひとつ買うようにしています。

そして、それを食べたり、眺めたり、使ったりしながら、事例の勉強と同じように自分の中で分析や仮説を立てるようにしています。

・誰がこの商品を買っているのか
・なぜ数多くある商品の中で、これが選ばれたのか（棚に残っているのか）

などを自問自答していきます。

たとえば、パックにストローがついた安価な日本酒があります。これを飲んでみると、驚くほど酔いが早く回るのです。お酒がそこまで強くない私は、すぐにフワフワとした気持ちになり、お酒を買う層としておいしさだけを求めるのではなく、いかにコスパよく酔えるか、という人たちがいるのではないか、と想像します。

では、その人たちはどんな人たちなのか。どういうときに買っているのか。などを、想像していきます。

アイデアを発想するときに基準となるのは、自分が知っている価値観です。

しかし、ビジネスは他者に対して、意味のあるものを提供すること。とすると、自分の価値観の外にある「他者を想像すること」がアイデアの幅をつくる筋力となっていくのです。

未来の××を妄想してみる

これ以外にもコンビニでアイデアの筋トレをすることができます。「未来の××はどうなっているか？」と、商品を通じて未来を妄想してみるのです。

たとえば、サラダチキンが糖質制限をする方などを中心に支持されてラインナップが増えていますが、この先、この商品カテゴリーはどのように発展していくのでしょうか。

そんなことを考えながら、コンビニで買ったサラダチキンを食べていきます。私の頭の中を覗いてみましょう。

「真空パックからニュルッと出して、そのまま食べるのは、手は汚れないのでいいけれどハッピーな食事かと言えばそうじゃないな。せめて、ほぐれていてくれたらスープに入れたり、何かと和えたりなど食べ方のバリエーションも広がりそうだなあ」

「すでに、ほぐしのサラダチキンもあるけれど、そちらが主流で売れるようになるには、食の楽しさとかバリエーションの出し方とか広げていけるといいのかな」

「そもそもカラダを気にしている人たちだから、真空パックのようなものではなく、もっと自然な食を求めるようになっていくのかも。だとしたら、どうなっていくんだろう」

「植物性のプロテインということで、大豆系の商品が増えていくのかな。とすると、豆乳だけじゃなくてどんなものになっていくんだろう。大豆ハンバーグとか、あるけれど、どんなメニューが主流になるんだろうか」

などなど、ひとりで妄想していきます。

ここで大事なのは、**起点は自分が消費者として感じたことにしているところ**です。いきなり調べるのではなく、自分の実感からスタートさせて未来に妄想を広げていく。アイデアは未来に向けてつくるものなので、未来の妄想もアイデアの筋トレになると思って実践しています。

このように、コンビニをアイデア筋トレのジムだと捉えると、いろいろな筋トレメニューがつくれそうです。皆さんもぜひ、自分なりのトレーニング法を編みだしてみてください。

第2章

「アイデア発想」の基礎技術

どんな「基礎技術」を身につけるべきなのか

この本では、自分のことをフツーの人だと思っている人にアイデアの技術を身につけていただくことを目指しています。そのため、アイデアの発想法について網羅的に伝えるということよりも、実践的に使えるようにしていきたいと考えています。

第1章では、アイデアとは問題解決に役立つもので、発想を阻害する4つの思い込みがある、という話をしました。

第2章では、アイデア発想の基礎技術について説明します。ここでお伝えしたいのは、次の2点です。

1．アイデアが生まれる基本的な仕組み
2．センスではなく、アイデアを生みだすちょっとしたコツ

ひとつ目の、アイデアが生まれる基本的な仕組みでは、他の書籍や論文などで触れられ

ている原理と構造について見ていきましょう。

その上で、すぐに使える技術＝アイデアを生みだす「コツ」について説明いたします。アイデアの原理と構造はわかったけれど、いざアイデアを出してみようと思うと固まってしまうという人が多いからです。そこで、私が日常的に使っている「アイデア分解構築シート」をご紹介します。アイデアを形にしていくフレームワークのようなもので、空欄を埋めていくと説得力のあるアイデアを構築することができます。

また、「分解構築」の「分解」とは、既存のアイデアを分解することを指しています。どうつくれば強いアイデアになるのか、学ぶことにも使えるようになっています。アイデア力を鍛えるためにも使ってみてください。

また第3章では、私が実践しているアイデア発想法についてご紹介します。

アイデアが生まれる基本的な仕組み

アイデアを生みだす、という一連の行為について解説したものとして、いちばん広く知られている書籍が、ジェームス・W・ヤング『アイデアのつくり方』（CCCメディアハウス）です。

この本の原著の初版は、1940年。そこから途中改訂はしたものの、半世紀以上にもわたって売れつづけているロングセラーです。日本語版の初版は、1988年に発行されていて、日本においても広く知られた本となっています。

これだけ長い時間を経ても、いまなお定番でありつづけるということは、アイデアについての普遍的な内容が書かれているということの証拠と考えていいでしょう。本としては薄くて1時間もかからず読み終わってしまうものですが、アイデアをつくりだす方法についての「真髄」が記されています。

アイデアを生みだす方法を公式化する

著者のヤングは、広告代理店の仕事をする中で、新しいアイデアを「継続的に」生みだしつづける必要がありました。そのために、アイデアを生みだす方法を公式化しました。「アイデア作成は車の製造と同じように一定の過程があり、流れ作業である。その技術を修練することがアイデアマンになる秘訣である」とヤングは言っています。

さらに、元来、私たち人間にはアイデアを生みだす才能があるとされていて、その才能を伸ばすには「アイデアが生まれる原理」と「アイデアを生みだす方法」について知る必要があると述べています。

「アイデアが生まれる原理」とは

まずここではヤングの言う、「アイデアが生まれる原理」を見てみましょう。とてもシンプルなものです。

【アイデアが生まれる原理】

1．アイデアとは既存の要素の新しい組み合わせ（コンビネーション）であること

2．既存の要素を新しい一つの組み合わせに導く才能は、事物の関連性を見つけ出す才能に依存するところが大きい

ヤングの指摘するアイデアとは「既存の要素の新しい組み合わせ」以外の何ものでもない、ということです。

私は、この本を初めて読んだときは、当たり前すぎることを言っているな、と思ってピンときませんでした。しかし、時間が経って考えれば考えるほど「真理を突いている」と感じます。

これは、第1章で話してきたこととつながります。私が出会った優れたアーティストやクリエイターたちも、みんな過去の様々な事例を自分の中に「いいアイデアのサンプル」としてストックし、アーカイブ化しているという点です。

素晴らしいアイデアを生みだしてきた人たちは、これまでに人々の共感を生みだした素晴らしい商品やサービスの要素、仕事以外での気づきや学びをアーカイブ化していて、それらを参考にしながら、誰も思いつかなかった組み合わせとして、結びつけることで新しいアイデアを生みだしているのです。

ここで、ひとつ注意すべきことがあります。「既存の要素の組み合わせ」ということに対して、アイデアを「仕立て直す」「焼き直す」ことだと考える人が多い、ということです。過去の「いいアイデア」をなぞって少し変えただけの企画は、アイデアとは言えません。

過去のいいアイデアを模倣して修正して、自分の企画にしてしまうのは、誰しもが通る道ではありますが、**アイデアとは既存の要素の「新しい組み合わせ」であること**を肝に銘じましょう。

19世紀のフランスの数学者・理論物理学者、科学哲学者と様々な肩書を持つアンリ・ポアンカレは『科学と方法』(岩波文庫)の中で、豊かなアイデアに至るのに必要なのは、「**美的直観**」であると述べています。

「美的直観」とは、「**これまで無関係と思われていたものの間に関係があることを発見すること**」であり、「既存の要素の新しい組み合わせ」と、同様のことであると言っていいでしょう。

その後、創造のプロセスについてモデルがいくつも発表されていますが、ベースとなる考え方は変わっていないように思います。

なぜ「言葉でアイデアをつくる」なのか

この本は「言葉でアイデアをつくる」というタイトルです。なぜ言葉なのでしょうか。絵では、だめでしょうか。写真では、だめでしょうか。テクノロジーやデータでもなく、言葉でアイデアをつくる、という書名に込めた思いは何でしょうか。

実は、ヤングも言葉の重要性について述べています。

「さらにもう一つ私がもう少し詳細に説明すべきだったことは言葉である。私たちは言葉がそれ自身アイデアであるということを忘れがちである。言葉は人事不省に陥っているアイデアだといってもいいと思う。言葉をマスターするとアイデアはよく息を吹きかえしてくるものである」

言葉をどう使うかによって、アイデアの発想力も精度も変わってきます。

ヤングが「言葉がそれ自身アイデアである」と言っている点もこれに当たるでしょう。それは、言葉として何を言うかだったり、どう言うかだったりを意識しよう、ということに留まりません。

言葉をどう使いアイデアを生みだし、どう構築していくか、言葉の使い方にもアイデアを盛り込むべきです。たとえば、外部刺激として言葉を使い発想を促したり、アイデアを構築していくためのワークシートを使ったり、工夫によってアイデアはつくりやすくなっていきます。本書では、この言葉でアイデアをつくるために、私が考え実践してきたことをご紹介していきます。

さらに、もう一点、私が「言葉でアイデアをつくる」ことを大切にしている理由があります。それが、

「言葉にすることで、アイデアの不完全さに気づく」

ということです。

アイデアの不完全さを発見できることは、強いアイデアをつくるために必要なプロセスです。

たとえば、個人の頭の中で発想していたときに「すごくいいアイデアを思いついた」と思ったのに、いざ言葉にしてみると陳腐なものに見えてしまった経験はないでしょうか。

そのときに、陳腐なアイデアだと捨ててしまわないで、「アイデアの不完全さに気づき、強くしていくチャンス」と捉えて向き合っていくプロセスこそが、言葉でアイデアをつく

る上で大切なことだと考えています。

それは、個人の中でのプロセスに留まりません。チームの中でも「言葉でアイデアをつくる」とは言葉でアイデアを共有することで、その不完全さに改めて気づきチーム全員でより強くしていくことができます。

言葉でアイデアをつくるために、言葉の使い方自体にアイデアを入れていくこと。そして、その言葉としてつくられたアイデアから、不完全さを見つけ、個人やチームで強いアイデアにするための方法を考えていく。その循環的な働きこそが「言葉でアイデアをつくる」ことの核心だと考えています。

なぜ、アイデア発想法の前に「コツ」からお伝えするのか

アイデアに少なからず関心を抱いたことがある方なら、世の中にどんなアイデア発想法があるのか調べたことがあるでしょう。私も、アイデア出しに苦労していた頃に、よく調べていました。

KJ法、NM法、オズボーンのチェックリスト、SCAMPER法、「なぜなぜ」5回、マンダラート、マインド・マップ、ブレインストーミング、TRIZ法、等価交換法、ロジックツリー、シックス・ハット法、ブレイン・ライティング、PREP法、セブン・クロス法、希望点列挙法、欠点列挙法、特性列挙法、ゴードン法、連想（接近、類似、対照、因果）、逆設定法、リフレーミング、アンチプロブレム……。

ざっと調べただけでもたくさん出てきます。

ぜひ、お時間があれば、気になるものを調べてみて、実際にアイデア出しを行ってみて

ください。実際に「使えるもの」も多くあります。どんなときに、どんなアイデア発想法を使うのがいいのか見極めていくためにトライ&エラーして、自分にとって便利な発想法を見つけてみてください。

使っているうちに相性のいいツールも見つかるでしょうし、使っているうちに発想のストレッチになっていくと思います。しかし、そのうちに、どんなときにも万能なツールとしての発想法がないのもたしかだと気づくはずです。

だからこそ、発想法の活用や使い分けができるようになることも大事なスキルになってきます。私自身が、既存の発想法をベースに応用している例を、第3章でお伝えします。

アイデアについていちばん多い悩みとは

私の講義や研修の出席者に「アイデアについてどんな悩みを抱えているのか」と質問をすると「アイデアの数が出ない」ということが、いちばん多く挙げられます。

- そもそも何から考えていいかわからない
- 考えてはいるのだけどアイデアが湧かない

・浮かんでもどれもつまらなく思えてしまう
・焦ると頭が真っ白になって何も思い浮かばなくなる
・打ち合わせ30分前になるともう思考停止

などなど、たくさんアイデアが出てこない理由は人それぞれにあります。アイデアを出そうと思っても出てこないといったときに「思考の回転が止まってしまう」と感じ、ストレスになっているようです。

では、ひとつの例題に一緒に取り組んでみましょう。これは、広告会社の研修でもよく取り組まれているものです。

例題

待ち時間が長くてイライラする会社のエレベーター。どうしたら待っている人のイライラを減らせるでしょうか？　5分間で、アイデアをたくさん書き出してください。丁寧に説明する必要はなく「鏡をつける」など自分が後で思い出せるようにメモする程度でOKです。とにかく、たくさんアイデアを書き出してみましょう。

せっかくですので、少し取り組んでみましょう。

さて、5分間でどれだけの数のアイデアを出せたでしょうか。

講義においては、

「50個出せた人?」

とまず聞くようにします。1分間で10個。6秒で1個のアイデアを出しつづけると、その数になります。これは、なかなかのペースですし、おそらく5分間の間に一度も思考を止めることなく、アイデアを出しつづけたことになります。50個のアイデアを出せたら、大したものです。

たいていの研修では、50個のアイデアを出せる人はいません。

それから、私は「では、40個以上出せた人」「30個以上の人」「20個以上の人」「10個以上」「5個以上」と順に問いかけていきます。

30個以上もほとんどおらず、いちばん多いボリュームは、10個から20個という人で、その次は5個から10個という人です。20個以上出せる人は、なかなかいないという結果になります。これは、社会人向けの講座であっても、大学生向けの講座でも、広告代理店の新入社員研修でも、数字にあまり差はありません。

ちなみに、これまで私が目にしたアイデアを出した数の最高は、62個でした。

子ども向けの創造力を伸ばすための課外教室を開いているその方は、「アイデアに自信がある人？」と最初に私が聞いたときも、まっすぐに手を挙げていて、とても印象に残っています。

さて、答えを見ていきましょう。ある講義において次のようなアイデアが出てきました。ちょっと長いですが、列記してみます。

回答例

鏡をつける、エレベーターガールを各階に置く、椅子を置く、テレビをつける、広告を流す、待った分だけお金がもらえる、待ち時間がカウントされる、ゲーム機を貸してあげる、コーヒーのサーバーがある、ウォーキングマシンがある、猫がたくさんいる、犬が飼われている、そこでしかできないスロットが置いてある、グレープフルーツの匂いがする、相田みつをのポスターを貼っておく、エレベーター製造者のエレベーター開発に関する感動秘話を貼っておく、制汗剤使い放題、タブレット等のリフレッシュ菓子がもらえる、1

分で読める漫画を貼っておく、ニュースが流れる、階段を使用できなくする、エスカレーターを設置する、テレポーテーションできるようにする、エレベーターの代わりに滑り台にする、節電中という張り紙を出す、エレベーターを増設する、エレベーターの速度を速める、仏様の写真を貼っておく、和む音楽を流す、占いが見られる、天気予報が見られる、いい匂いがする、美人時計を置く、階数表示がイヌ語になっている「いま8階だワン」、めっちゃイケメンがチラチラこっちを見ている動画を流す、階段が危険だという映像を流す、映画の予告編が見られる、飴がもらえる、待ち時間だけ無料ダウンロードできるスタンプやアプリをつくる、待ってる間だけマイナスイオンが流れる、待ってる間だけ無料の自販機を設置する、などなど。

このようにアイデアをたくさん出すことを「**アイデアの拡散**」と呼んでいます。

まず、大切なことは、自分の頭の中で「これはないな」と判断せずに、とにかく思いつく限り書き出してみることです。ブレインストーミングと同じですね。

ブレインストーミングは、グループで議論するときに他人のアイデアを否定しないということを議論のルールにしているものですが、それを自分の頭の中で行っていくのです。

では、そもそもなぜ、たくさん出す必要があるのでしょうか。

その理由は「捨てる」ためです。先ほど列記したアイデアを見たときの心理を思い出してください。こんなことを思いませんでしたか？

「それ、同じこと考えた」

「それ、思いつけそうだな」

そうなのです。5分ほどで考えたアイデアのほとんどは、誰もが思いつくような凡庸なアイデアです。

だからこそ、もっと考えて、もっと広げて、アイデアの拡散を行う必要があるのです。

どんな仕事であっても、アイデアで戦おうと思うのならば、凡庸なアイデアを超えて、いいアイデアにたどり着くために、「人と違うこと」を考えるのが大原則。

もしくは、凡庸でも伸ばす芽のあるアイデアを見極めるためにも、すべてのアイデアの棚卸しとして、アイデアの拡散を行うことを出発点にしましょう。

どうしたら「たくさんのアイデア」を出せるのか

次に、エレベーターのイライラを減らすためのアイデアに取り組んだときの、頭の中を思い出してみましょう。

頭の中で「イライラの原因」は何かを考えることと、「解決の方法」を考えることをしていたと思います。

それはそれでいいことですが、アイデアをたくさん出すことができなかった方は、この2つを頭の中で「同時に」行っていたのではないでしょうか。

この「同時」ということが、たくさんアイデアを出すことができない理由のひとつかもしれません。10個以上出せなかったという人は、多くの場合、同時に行ってしまっていることが多いのです。

同時に処理をすると、アイデア発想がストップしがちになる。
同時に処理をすると、思考として同じところをぐるぐるしがちになる。

だからこそ、まずは原因を見つければいい、のです。

そもそも、何にイライラしていたのか。そこがはっきりとしてくると、どんなアイデアを出すべきかもはっきりしてきます。

エレベーターが本当に来るのが遅くて、ボタンを押しても全然来ないからイライラしているのであれば、この時間を短縮させるようなアイデアが必要です。

また、エレベーターの物理的な待ち時間ということよりも、待たされていると「感じさせていること」が原因だとしたらどうでしょうか。待たされていると「感じさせない」アイデアが必要になってきます。

同じ「待ち時間が長いエレベーターに対するイライラ」だとしても、原因の設定によって出すべきアイデアは変わってきます。また、ここまで設定するからこそ、アイデアはより出しやすくなります。

図4をご覧ください。問題が起こっている現状と、問題が解決された理想の状態を「はっきり」とさせていく。すると、現状と理想の差分が明確になります。この差分が「課題」です。

このようにアイデアを発想するための土台づくりが必要です。今回は、イライラの原因

図4 現状と理想の状態の差分が「課題」

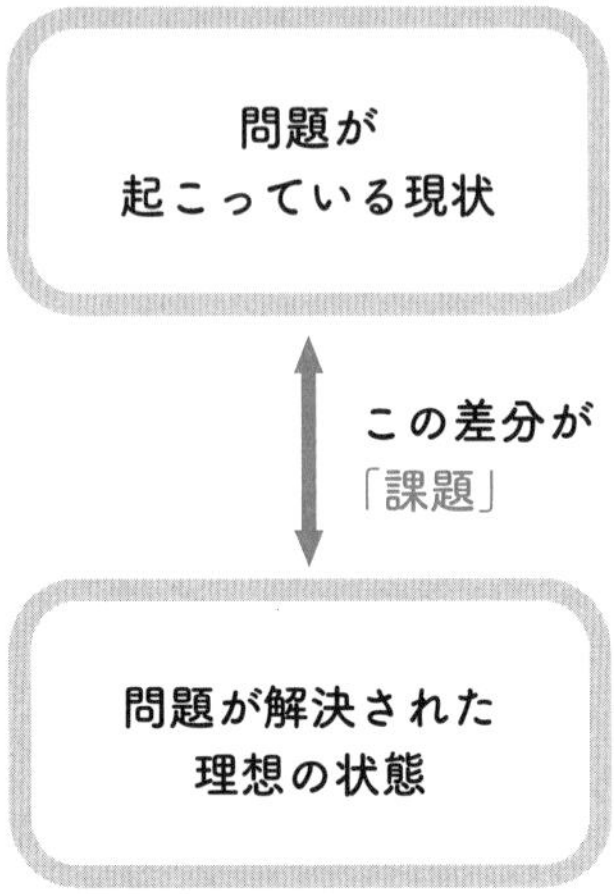

の解像度を上げると言いました。場合によっては、このことを「課題設定」と呼んでもいいでしょう。

私はよく「アイデアとは、A→A'をつくることだ」と言っています。Aが「問題が起こっている現状」で、A'が「問題が解決された理想の状態」です。このスタートとゴールをまず明確にした上で、アイデアを考えるようにしていきましょう。

このAとA'を明確にしないでアイデア出しをしていると、アイデアとは何かユーモアがあるもの、何か突飛な考えのものでなければならないといった間違った捉え方をするようになってしまいます。

「課題設定」を行うことでアイデアの土台ができる

では、具体的に考えてみましょう。問題と解決方法を分離して考えてみます。

原因については「待ち時間が長い」とすでに問題文に書かれていますが、このままよりも、もう少し解像度を上げたほうがアイデアの土台になりそうです。

「待ち時間が長い」は、具体的にどのくらいの時間なのでしょうか。エレベーターのボタンを押してから5分以上かかってしまうのであれば、それは、「物理的」に時間が長いと言えるでしょう。

しかし、人によっては30秒だとしても「待ち時間が長い」と感じる人もいるでしょう。その場合は、また違ったアプローチが必要になってきそうです。

まずは、5分以上待たされると問題を仮定しましょう。ボタンを押してから実際にエレベーターが来るまで5分待たされるといった「物理的に」待ち時間が長いことからイライラが生まれています。問題が解決された理想の状態は、ボタンを押してからエレベーターが来るまでの待ち時間を物理的に短くする、ということです。

ですから、考えるべきことは、この2つの差分を埋めるべきアイデアとなります。

つまり、「待たされる時間を短くする」ためのアイデアを考えればいいのです。

図5 2つの差分を埋めるアイデアを考える

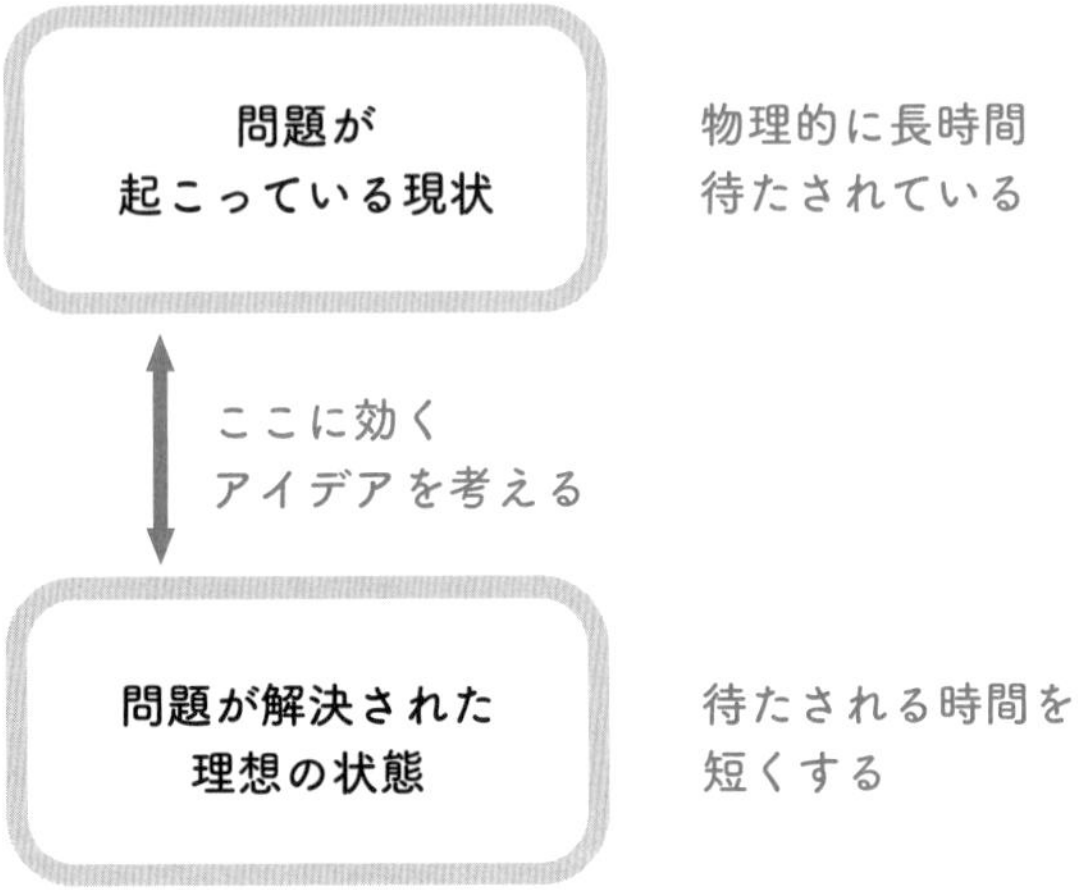

物理的に待ち時間を短くするアイデア、と考えると途端に考えやすくなりませんか。たとえば、エレベーターの速度を速める。

各階での乗り降りに時間がかかっていると仮定してみると、エレベーターの入り口の大きさを広げる、エレベーター自体を大きくする、開閉のスピードを速める、「最後に乗った人が閉じるボタンを押しましょう」といったポスターを掲示、といったことが考えられるでしょう。

上の階、下の階に行くための方法としてエレベーター以外に手段がないからイライラしているとします。違う手段でも早く行くことができればいい、と考えれば、エスカレーターを設置する、階段の使用を奨励する、などが考えられます。

思いついたら、アイデアは全部書き出してしまいましょう。テレポーテーションできるようにする、滑り台を設置する、というアイデアは、そもそも科学的に不可能だったり、オフィスがあるようなビルにおいては無理なアイデアかもしれません。

しかし、このような実現不可能なアイデアの断片も残しておくことで、いいアイデアをつくるための材料になることもあるので、全部書き出しておきましょう。

実際、エレベーターの数を2倍にする、と言っても無理なように思えますが、実際にこのアイデアを実現させている例があります。ダブルデッキエレベーターといって、あらかじめ偶数階に行くときの乗り口と、奇数階に行く乗り口をエントランスで振り分けることで、2階建てのエレベーターにして運用しています。

エレベーターの本数を増やすことなく、エレベーターのデッキの数を2倍にしているのです（図6）。

図6 ダブルデッキエレベーター

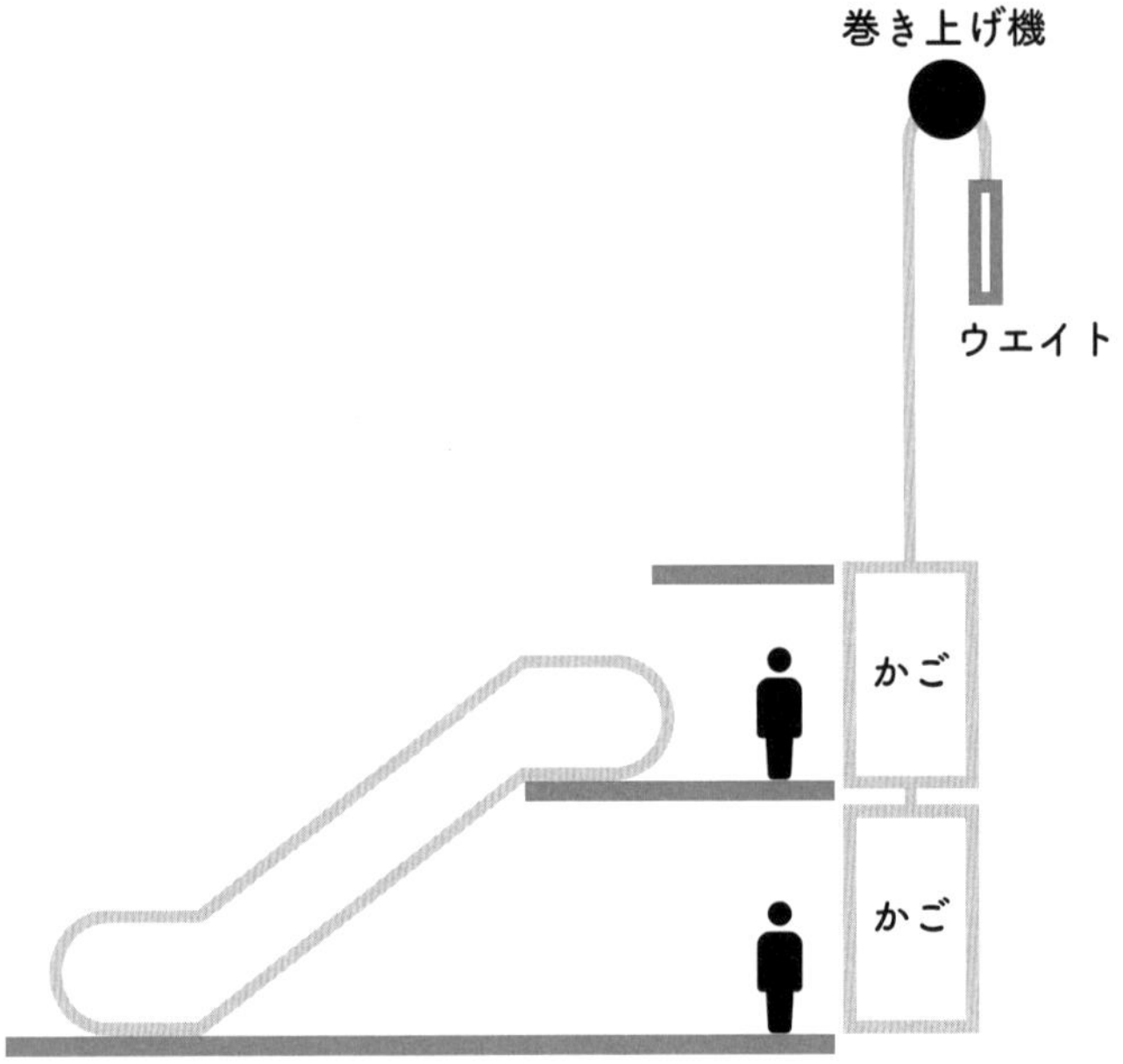

「待ち時間が長い」を解決するアイデア

では、次に物理的ではなく「心理的」に待たされていると感じていることが原因だと設定して、アイデアを考えていきましょう。

「待ち時間が長い」というのは30秒でも感じる人は感じます。いくら物理的に速くしたところで、この人のイライラを減らすための根本的な解決にはならないでしょう。28秒でもイライラするだろうし、20秒まで短縮してもイライラは減らないかもしれません。とすると、「待ち時間が長いと『感じさせなければいい』」というのがアプローチとなります（図7）。

このアイデアはたくさん出てくるでしょう。鏡を設置する、テレビモニターを設置する、音楽を流す、クイズが書かれた紙が張られている、といったものです。

「問題が起こっている状態」を深掘りして軸がつくれると、そこからはスルスルとアイデアが出やすくなってくるのを感じていただけたでしょうか。

実際の現場においても「この問題の解像度を上げる」ということがとても大切になってきます。

図7 待ち時間が長いと「感じさせない」アイデアを考える

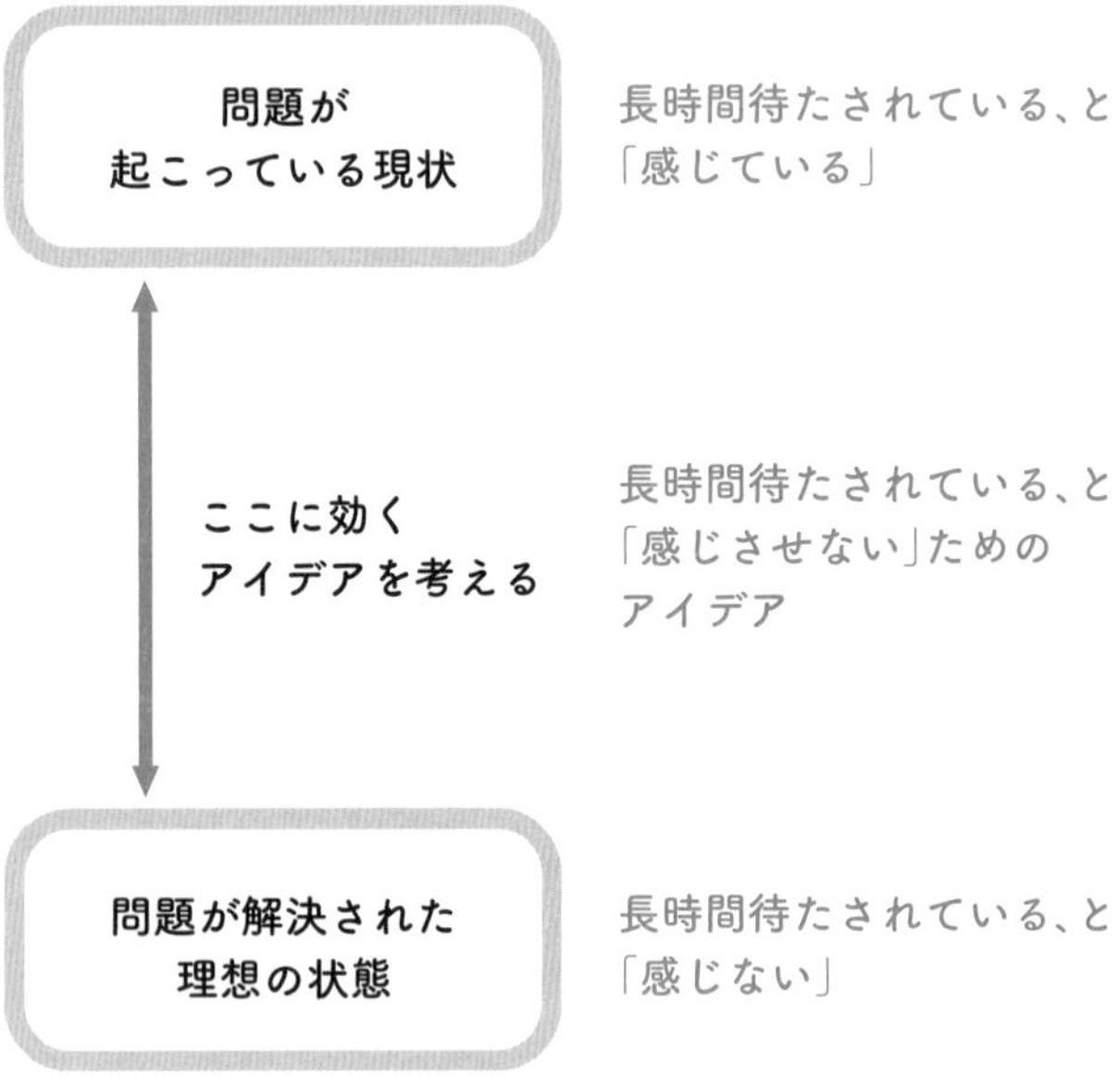

では、この「問題」の軸をどのように発見していけばいいのでしょうか。私は、物事をいろいろな側面から眺める「複眼的な観察」が必要だと思っています。

ただ、あらゆる視点から物事を観察しましょう、といっても取っ掛かりがなさすぎるので、問題の発見の仕方、視点の持ち方のヒントをお伝えします。

図8 関係図を描いて整理する

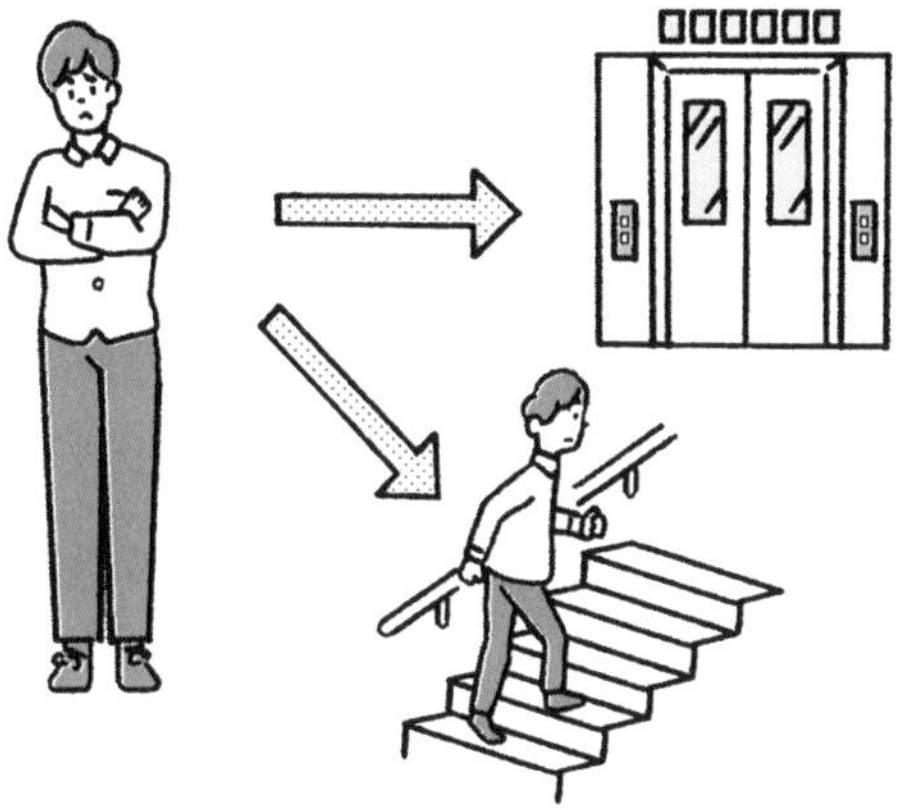

①関係図を描いてみる

ドラマや映画の登場人物の相関図を見たことはありますか。誰と誰が夫婦で、誰と誰が親友で、かつてどこにトラブルがあり、誰が誰に復讐心を持っている、みたいなものです。

これを、人だけではなく、モノもあわせて関係するものを描いてみます。そして、関係をつないだり、矢印を描いたりしてみましょう（図8）。エレベーターから人には「物理的な時間として待たせている」、人からエレベーターには「待たされていると心理的に感じている」、他にもエレベーターのボタンの上などに「いつ来るのかわからない」と書いてもいいかもしれません。

また階段を描いてみるとどうでしょう。「階段を使ったら移動できていたのに」と思ってイライラしているのであれば、階段の使用を促すこともいいアイデアかもしれません。

②コンテクストなど「状況」がどのようなものか

主人公の状況はどのようになっているのか。そこを、想像してみるとどうでしょうか。

一時的なことでも、特殊な状況でも大丈夫です。

たとえば、ものすごくトイレに行きたい状況でエレベーターを待っている

たとえば、エレベーターホールがすごく寒い（暑い）中で待っている

たとえば、エレベーターホールがすごく臭いなど環境の悪い中で待っている

たとえば、遅刻などに厳しい上司がいる

これらも、すべて「問題」として捉えるとアイデアが出てきませんか。

遅れると上司に怒られることがイライラの原因だとしたら、怒られなくて大丈夫なように遅延証明書を発行できるようにすればいいかもしれません。

ここで大事なのは一般的なコンディションではなく、具体的に想像していろいろな状況

を書き出してみることです。

他にも、エレベーターの待ち時間という瑣末《さまつ》なことでイライラしているというのは、従業員のメンタルヘルス的に問題があるのかもしれない、という視点も持てるかもしれません。カウンセラーとの対話の機会を設けていくとか、もしくは、社内のカルチャー全体を変えていくような取り組みが、アイデアとしてあるかもしれません。

③時間軸の中で考えてみる

時間軸で考えてみる、というのは、忘れがちな視点です。未来への時間軸で考えてみると「待ったところでいいことはない」ということもあるでしょう。こちらも、逆転させてみると、長時間待たされてもいいと思えるほどのいいこと（楽しい、嬉しい、面白い）がある、となります（図9）。長時間待たされてもイライラしないほどのいいことって何でしょう？

私だったら、エレベーターの中にマッサージサービスがあるだったり、エレベーターガールが推しのアイドルになっているだったりでしょうか。なかなか現実的ではありませんが、そういうアイデアも含めて「全部出す」ようにしましょう。

図9 長時間待たされてもイライラしないアイデアを考える

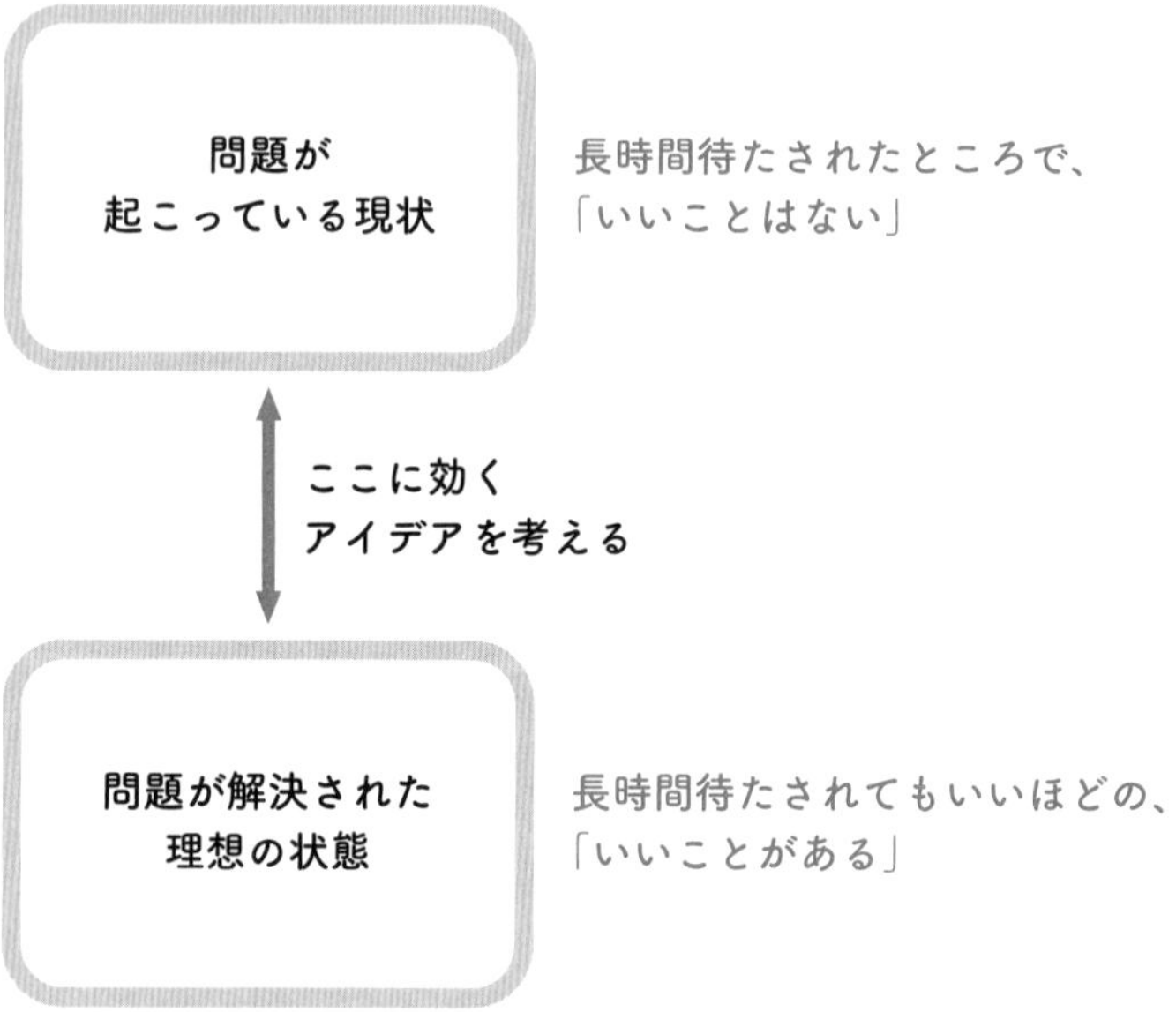

「同質化の罠」にはまらないために

問題発見の視点について、3つほどヒントを提示しましたが、もちろんこれだけではありません。

そして、薄々お気づきかと思いますが、この視点をたくさん持つことができればできるほど、アイデアをたくさん出せるようになってくるのです。

この問題発見の視点については「発想軸」と表現されることもあります。詳しくは、第4章で説明していきます。

さて、この問題発見について、ひとつだけ考慮していただきたい点があります。

エレベーターの例は、アイデアを多く出すためのわかりやすい例題として取り上げました。どれも小さなアイデアかもしれませんが、みんな有用そうでした。

しかし、このように、発見した問題の解決を順番に探っていくことだけでいいのでしょうか。

コンセプトがあると問題解決のアイデアは発展する

たとえば、入学志願者が減っている中堅の私立高校を例に考えてみましょう。先生たちが集まり、この入学志願者数の減少に歯止めをかけるために、問題点を挙げていきます。

・「周辺校に比較して制服がおしゃれではない」
・「学校のことがうまく伝わっていない」
・「他校で行われているキャリア教育などがない」
など

これらの取り上げられた問題への取り組みは、必要なことではあるでしょう。予算の問題で全部できないというケースもあるでしょうが、仮に予算があったとして、これらの問題それぞれに対処をしていったら、すべてうまくいくでしょうか。

「おしゃれな制服で、ピカピカな学校案内があって、キャリア支援も充実している中堅の私立高校」

もちろん、悪くはないですし、入学志願者の減少はある程度は、止まるかもしれません。しかし、全国どこにでもありそうな学校とも言えそうです。積極的に通いたい、と思うところまでは行き着かないようにも思えます。

これは、「同質化の罠」とも言えます。

ひとつひとつの問題の解決策を順番に行っているうちに、結果としては同質化してしまう。同質化の罠は、いろいろな分野でも散見されます。たとえば、まちづくりなどで想像してもらうとわかりやすいでしょう。石畳の道、お土産として開発されたお菓子、シンボルキャラクター、子育て支援など、似たような取り組みから、全国に似たような街が多くなっています。

この「同質化の罠」に陥らないようにするためには、問題の本質はどこにあり、それに対してどのようなコンセプトやアイデアを練ればいいのか、全体を俯瞰しながらアイデアをつくっていくことが大切です。

先ほどの私立高校の例に戻って考えてみましょう。

学校の問題解決の前に、目指すべき学校のコンセプトをつくると同質化からは離れていけそうです。

たとえば、「変わりたい、に限界はない」としてみたらどうでしょうか。本当は、もっと上の学校に行けたかもしれない、と思いながら入学した生徒たちが多い中堅校だったとしたら、彼らの「変わりたい」をどこまでも後押ししてくれる学校こそが、卒業時や卒業後の満足度が高い学校になれるかもしれない、そんなことを願いながらつくったコンセプトです。

このようなコンセプトがあると、問題解決策の中身も変わってくるはずです。

生徒たちの「変わりたい」という意思を限界なくサポートする教育制度って何だろう、と考えてユニークなキャリア支援制度構築につながるかもしれない。学校の制服だってちょっと変えるのではなく「限界はない」というところから考えてみたら、そもそもの制服のあり方の根本から問い直すことができるかもしれません。

どうでしょうか。**コンセプトがあると、そこを軸に問題解決のアイデアは発展していきます。**次からは、もう少し具体的に、私が使っている方法論をお伝えしていきます。

事例勉強とアイデア構築の両方ができる「アイデア分解構築シート」

第2章の最後に、私が頻繁に使っているアイデアシートをご紹介します。

これは、2つのことに機能するものです。

ひとつは、第1章でお話ししたように事例を学び、言語化することで、アイデアをつくるための筋力を鍛えるためのものです。

もうひとつが、同じフレームワークを使い、何かしらの問題解決に資するアイデアを生みだすというものです。

これをシート化したものを「アイデア分解構築シート」と呼んでいます（図10）。

事例の勉強をするときも、アイデアをつくるときも、同じフレームワークでできるというところに、このシートのよさはあると考えています。

まず、事例を分解して分析するときの使い方から説明します。

事例を収集することは大切です。私は、現在も事例の勉強は続けていますが、そのときに「どう応用可能なもの」にするのか、という視点を持ちながら事例を学ぶべきだと思っています。ただ事例を知っているだけでは、意味はないのです。

そういうわけで、私は、このシートにいいアイデアだと思った事例を落とし込んでいきます。

このシートにはアイデアを構造的に把握するために、6つの空欄を設けています。

もちろん、すべての人にとってこのシートが使いやすいものではないと思いますので、こちらをベースにしながら、自分にとって使いやすい形に変えていただければ結構です。

図10「アイデア分解構築シート」を使う

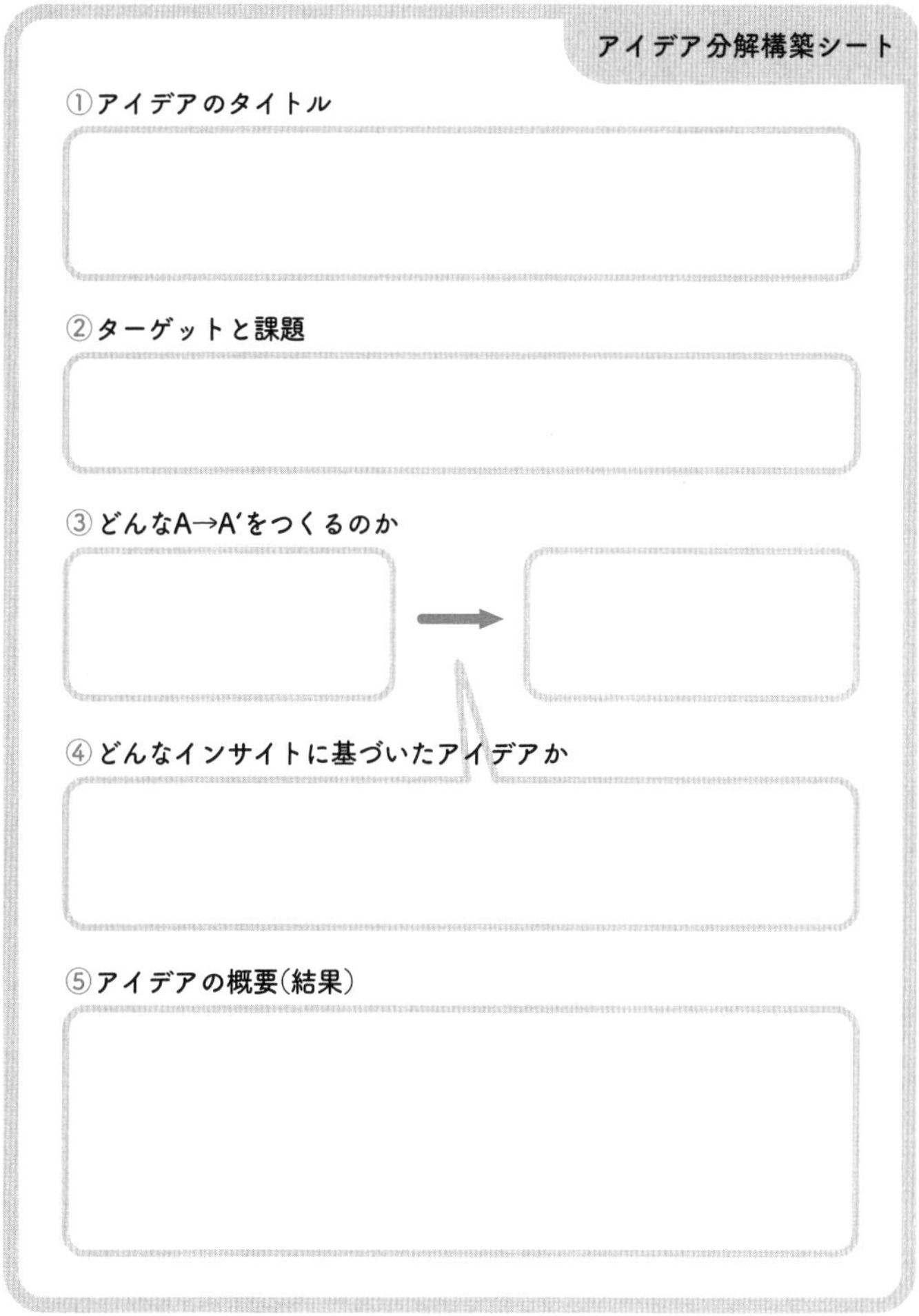

アイデア分解：どのような考え方でつくられたのか、事例を分解して分析する

たとえば、いい結果を生みだしている事例だったり、競合他社の事例だったり、何かしらアイデアを生みだすための参考になりそうな事例を見つけたとします。

これらを分析する目的は、いいアイデアから発想を得て応用することや、ライバルの企業であれば、そのアイデアに対抗する手段を得るためです。

そのためには、アイデアの具体的な内容と結果を知るだけでは足りません。アイデアを考え、実行した人が、どんな考えを持ってアイデアを生みだしたのか知る必要があります。

そのために、その事例を分解して、どのような考え方に基づいてつくられたアイデアなのか、分析していきます。

しかし、事例の多くは、結果だけしか見えていません。そのアイデアを生みだした方の頭の中を想像することは難しいです。

そこで、事例を「分解する」というアプローチをとるのがこのシートになります。

実際に、いくつかの事例をこのシートに落とし込んでみましょう（101ページ図11）。

まず、P&GのAlwaysという海外で展開されている女性の生理用品などのブランドによるキャンペーンを取り上げてみます。「LIKE A GIRL」というキャンペーンなのですが、知らない方がいたら、動画サイトなどで検索して動画を見ていただけたらと思います。この動画を基に、このシートにまとめていきます。

まず、「①アイデアのタイトル」についてですが、キャンペーンの主体者やどんな名前のキャンペーンだったかなども記入しましょう。それとともに、どんなアイデアだったのかを簡潔に、ここでは記すようにします。私は「アンコンシャス・バイアス（無意識の偏見）を鮮やかにあぶり出し、意識変革を起こさせる」と言語化しました。

ここでは、アイデアをそのまま書くのではなく、少し抽象度を上げて書くようにすることが大切です。「LIKE A GIRL（女の子みたいに）」ということがアイデアそのものですが、そのようにまとめてしまうよりも、ステレオタイプ的な見方によって偏見や差別が再生産されている現状に対して異議を唱えたアイデアだ、と捉えることで、この事例を基に、違うアイデアを生みだすことができるからです。

私は、この事例を「アンコンシャス・バイアス（無意識の偏見）」に立ち向かうための示唆的な事例だと捉えました。

すると、いろいろな身の回りにある事象に応用可能だと思えたのです。

たとえば、雑務や飲み会の幹事などは若者の仕事と決まっているとの思い込みだったり、定時で帰る社員はやる気がないという思い込みだったり、身の回りには無自覚な偏見や差別というものが、数多くあります。

LIKE A GIRLとは逆に、ピンク色が好きな男の子がいて、ピンクのランドセルがほしいと彼が言っても、黒や青のランドセルを親が選ばせてしまうといったこともそうでしょう。このような身近にある無自覚な偏見を「鮮やかにあぶり出すアイデア」によって、偏見や差別の再生産を止める応用ができそうだと考えたのです。

続いて、「②ターゲットと課題」については、想像だけではわからなかったところもあるので、企画した人のインタビューや解説されているサイトなどを調べてみました。

すると、このAlwaysという商品は、30代や40代から圧倒的に支持されているけれど、特に20代前半の女性からは、機能面では優れていると認識されつつも、自分たち若者のブランドという認識は持たれておらず、「少し距離のあるブランド」と思われていたようです。

そこで、若者たちにとっても「自分たちのブランドである」という認識を持ってもらうという課題を持ち、ブランドとして持っている価値観を伝えるようなキャンペーンを行ったのです。

どんなA→A'をつくるのか

ここから先は、具体的なアイデアを分解していきます。

「③どんなA→A'をつくるのか」ということにおいては、アイデアによって何をどう変えるのかを記載します。この事例では、個人を対象にするよりも、ここでは「社会」をどう変えたいかということが強いように思い、図11のシートのようにまとめました。

そして、その「A→A'」の間の部分に「④どんなインサイトに基づいたアイデアか」という項目があります。

このインサイト（洞察）については、第5章の「いいアイデアとは何か」、で詳しく触れていますが、私は次のように定義しています。

人間の行動や態度の根底にあるホンネや核心などの【気づき】のこと。

この事例では、この「女の子みたいに」という偏見は、男性だけでなく偏見の対象となっている女性の中にも存在しているというインサイトの発見が、アイデアの肝となっていると捉えました。

自分では気づかなかった視点を知ることができる

最後の項目は「⑤アイデアの概要（結果）」です。

私は、次のように書きました。

「大人と子どもそれぞれに『女の子みたいに○○して』という同じ質問を投げかけると、大きな差が表れた。子どもの女の子は、自分にとって最大限のチカラを発揮することなのに対して、大人の男性や女性、男の子が表現する『女の子みたいに』は、不器用で自信がないようすが含まれていた。このようにして、他者が無意識のうちに持っている偏見をあぶり出した。そして、女性の多くが思春期に自信を失うことに対して、社会全体として気づいて、どうエンパワーメントしていくべきか問題提起を行った」

このようにフレームワークに落とし込んでみると、企画をした方のアイデアを生みだすアプローチが、おぼろげながらにも見えてきます。

つまり、「アイデア分解構築シート」を使うと、企画をした方の考えるプロセス（頭の中）を「分解」しながらたどっていくことができるのです。

図11 「アイデア分解構築シート」を使えば、企画者の頭の中を「分解」できる

アイデア分解構築シート

①アイデアのタイトル

アンコンシャス・バイアス（無意識の偏見）を鮮やかにあぶり出し、意識変革を起こさせる
P&GのブランドAlwaysによる「LIKE A GIRL」キャンペーン

②ターゲットと課題

20代前半の女性に対して、すでに伝わっている機能面に加えて、情緒的なエンゲージメントを増加させたいという課題

③どんなA→A'をつくるのか

「女の子みたいに」という言葉に無意識の偏見を持っている社会 → 思春期の女の子をエンパワーメントし、一人ひとりが自信を持てる社会

④どんなインサイトに基づいたアイデアか

「女の子みたいに」という言葉には、アンコンシャス・バイアスがある。たとえば、走るのが遅くて、運動が苦手な人。でも、本当にそうだろうか。“女の子らしく”という世の中の偏見にのまれて“自分らしく”いられないような女の子もいるのでは？

⑤アイデアの概要（結果）

大人と子どもそれぞれに「女の子みたいに○○して」という同じ質問を投げかけると、大きな差が表れた。子どもの女の子は、自分にとって最大限のチカラを発揮することなのに対して、大人の男性や女性、男の子が表現する「女の子みたいに」は、不器用で自信がないようすが含まれていた。このようにして、他者が無意識のうちに持っている偏見をあぶり出した。そして、女性の多くが思春期に自信を失うことに対して、社会全体として気づいて、どうエンパワーメントしていくべきか問題提起を行った。

私は、このシートを使ってのアイデアの分解を「みんな」で取り組んでみることをおすすめしています。企画者ではない限り、事例分析の正解はわからないからこそ、想像を広げられるほど事例からの学びは広がります。同じ事例をみんなで分析することによって、自分では持たなかった視点や、気づかなかった視点を知ることができ、ひとつの事例から学べることも多くなります。

また、チームメンバーの嗜好や物事の捉え方の癖も知ることができます。それは、アイデアを持ち寄ったときに、どんな視点からアイデアを考えたのかを知る手掛かりとなるので、チームリーダーも含めて「みんな」で取り組んでみてください。

アイデア構築：記入しやすいところから記入してアイデアを構築する

続いて、このシートを使ってアイデアを生みだしていく方法をご紹介します。

このシートを使ってアイデアを生みだしていくときは、どこから記入しても構いません。埋めやすいところから取り組んでいくことがポイントです。

例として、「過疎地域の人口減少を食い止めるアイデア」を生みだすことに取り組んでみましょう。

まず、埋めやすいのは「②ターゲットと課題」です。たとえば、「人口増加を目的として、子育て世代への人口流入増加策や、観光などによる交流人口増加策が周辺地域と比較して劣勢にあることから、ターゲットを山村留学にやってきた学生に置く。彼らを、どう将来的な交流人口や流入人口増加につなげていくか、という課題」というように記入します（106ページ図12）。

次は、このターゲットや課題に対して、「③どんなA→A′をつくるのか」について埋めていきましょう。

Aには、「山村留学先は、ただ学生時代を過ごす場所と思われている」というように山村留学でやってきた学生の現状の認識を書きます。そして、A'には「山村留学をした場所に、社会人として戻り定住する」という理想の状態を書きます。

そして、この理想の状態をつくるためには、「④どんなインサイトに基づいたアイデアか」が必要かを考えていきます。

これを、先の例に沿って書いてみると、

「中学・高校で『学ぶ目的』を見つけた人は、大学で主体的な学びを実践し、当初抱いた課題に対して取り組んでいく、というインサイトに基づき、山村留学の中で地域の課題を共有し取り組んでいく実践の場をつくる」というアイデアとなります。

このインサイトの仮説は、学ぶ目的を問うAO入試の有用性を説いた先行研究などにより、ある程度は信頼に足るものになりそうです。

次に、「⑤アイデアの概要（結果）」を埋めていきます。

多少、理想が入っていますが、次のようなアイデアと結果があるのでは、と想像しながらシートを埋めていきます。

「山村留学に来た学生に対して、ひとりにひとつ『地域が抱える課題』を提示。その課題に対して、リサーチし、アイデアを考え、周囲を巻き込みながら実行していくという経験をつくる。山村留学の学生は、ひとりのアイデアを起点に地域を変えていけるという自己効力感を得るとともに、現在の自分では未熟な部分を知り、大学での学びを行う。その結果、学びの実践の場として、山村留学した場所に戻り、地域づくりを行う人材となる」

最後に、このアイデアに名前をつけることをしましょう。「①アイデアのタイトル」欄にできるだけ簡潔に書けば「山村留学者が留学中に、地域の課題に取り組むことで、地域づくりのプレイヤーとして戻ってくるアイデア」となるでしょう。

シートにまとめると、図12のようになります。

図12 アイデアには、名前をつけることが大事

アイデア分解構築シート

①アイデアのタイトル

山村留学者が留学中に、地域の問題に取り組むことで、地域づくりのプレイヤーとして戻ってくるアイデア

②ターゲットと課題

人口増加を目的として、子育て世代への人口流入増加策や、観光などによる交流人口増加策が周辺地域と比較して劣勢にあることから、ターゲットを山村留学にやってきた学生に置く。彼らを、どう将来的な交流人口や流入人口増加につなげていくか、という課題

③どんなA→A'をつくるのか

山村留学先は、ただ学生時代を過ごす場所と思われている → 山村留学をした場所に、社会人として戻り定住する

④どんなインサイトに基づいたアイデアか

中学・高校で「学ぶ目的」を見つけた人は、大学で主体的な学びを実践し、当初抱いた課題に対して取り組んでいく、というインサイトに基づき、山村留学の中で地域の課題を共有し取り組んでいく実践の場をつくる

⑤アイデアの概要（結果）

山村留学に来た学生に対して、ひとりにひとつ「地域が抱える課題」を提示。その課題に対して、リサーチし、アイデアを考え、周囲を巻き込みながら実行していくという経験をつくる。山村留学の学生は、ひとりのアイデアを起点に地域を変えていけるという自己効力感を得るとともに、現在の自分では未熟な部分を知り、大学での学びを行う。その結果、学びの実践の場として、山村留学した場所に戻り、地域づくりを行う人材となる

まとめてみると、なかなか説得力のあるアイデアになってきます。そして、このシートをベースとしながら、さらなる実践のアイデアも生まれてきそうです。

アイデア分解構築シートは、自分のアイデアを人に伝えるときにも有用です。どのような構造でアイデアを考えたか伝わりやすいため、アイデアの議論がしやすくなったり、協働しながらアイデアを発展させていくときにも役立ちます。


この「アイデア分解構築シート」を自治体の広報や企画関係者に向けての研修で使ったことがあります。

そのときに、次のようなお題を出してアイデアを募りました。

「この地域で新しい【お祭り】をつくります。あなたの関心のあるテーマで自由に考えてみてください。それは、どんなターゲットのどんな課題に対して、どう寄与するお祭りになるでしょうか。【アイデア分解構築シート】を使いながら考えてみましょう」というものです。

すると、どうでしょう。20分しかワークの時間をとらなかったにもかかわらず、面白いアイデアが次々と生まれました。参加者に聞いてみると「これまでモヤモヤと考えていたことを構造的に説得力のあるアイデアにすることができた」という感想が出ました。

この例から紐解くと、アイデアはすでに個々人の頭の中に存在しているということです。それを、どう言葉にして、どう形にしていくかという道標があれば、アイデアを形にしていくことが容易になります。

問題意識もあって、十分に問題解決についての思考が深まっているときにこそ、この「アイデア分解構築シート」を使っていただければと思います。本書では、白紙の「アイデア分解構築シート」を付録として用意しました。コピーして活用ください。

コラム　アイデア筋トレ2

目の前の課題に「どう取り組みはじめるか」

アイデアをつくっていくときに、私が大切にしている話をしたいと思います。それが、目の前の課題に「どう取り組みはじめるか」ということです。

私は特に怠惰な人間なので、取り組まなければいけないタスクがありながらも、なかなか取り組めないことが多くあります。やらなければいけない、とわかっているからこそ、不機嫌になってしまったりストレスが溜まってしまうことも日常茶飯事。平たく言えば「やる気」のコントロールがなかなかうまくできませんでした。

そんな私が変わったきっかけが、あるときに読んだ詩人の谷川俊太郎さんのインタビューでした。詳しい内容までは覚えていないのですが、「谷川さんは、どのように詩をつくるのですか」という質問に答えているものでした。

私は、頭の中に明確なイメージができた上で一気に書き上げるものだと想像していたのですが、谷川さんの答えは違いました。まず、パソコンの電源を入れて、テキストを書くソフトを立ち上げて、そして「詩のはじまりになりそうな言葉を、一行とか半行とか出てきたら、そこからはじめられる」といったことをおっしゃっていたのです。

「アイデアの全体像が浮かんだから、はじめる」のではない、ということを天才だと思っていた人も実践している。とにかく、はじめることが大事なんだ、とわかったのです。

本書の中でも「思考を止めないことが大切」と言ってきましたが、アイデアをつくるときも、まずは何でもいいから「思い浮かんだことを手を動かして言葉にする」ということをはじめることにしました。やる気が出ないときも、まず手を動かしてみることにしたのです。

それが、第2章でお伝えした「アイデア分解構築シート」や、第3章でご紹介する「アイデア発想法」です。とにかく、まず、頭を動かし、手を動かしてみるのです。

脳科学的にも、やる気というものは、いくら待っていても出てくるものではないようです。脳は動かしはじめて、やがて、やる気というものが出てくるそうです。そのためにも、うんうん唸っているよりも、頭と同時に手も動かしてみましょう。与件を整理するところからはじめてもいいですし、ランダムに仮説を出すところからはじめるのもよいでしょう。**アイデア発想のいちばんの極意は、動きはじめることだと思います。**

とは言え、私もまだまだ苦手なことです。「どう取り組みはじめるか」について、読者の方のいい方法があれば、教えていただきたく思います。

第3章

「アイデア発想」の応用技術

アイデア発想のアクセルとなる技術

前章では、アイデア発想の基礎としてアイデアが生まれる仕組み、「問題」と「解決」を分けて考えること、アイデア分解構築シートについて述べました。

この章では、「アイデア発想のアクセルとなる技術」について説明していきます。

前章でお伝えしたように、アイデア発想法は、世の中にたくさんあります。

しかし、誰にでも使えて、何にでも応用可能な「万能なアイデア発想法」というものは、ありません。

また、マーケティングのフレームワークのように、そのフレームを厳守しないといけないわけでもありません。積極的にカスタマイズして、自分にとって使いやすいアイデア発想の道具を揃えていきましょう。これからご紹介するのは、私がよく使っているアイデア発想の方法です。参考までにご紹介していきます。

【①偉人ブレスト】

アイデアに詰まったら偉人のチカラを借りよう

アイデアをひとりで考えていると、同じところをぐるぐる回ってしまうことはありませんか。

そんなとき、私はよくこう考えます。

「誰か、相談に乗ってくれないかな。アイデアの壁打ち相手になってくれないかな。希望を言えば、単なる壁打ち相手ではなく、示唆に富んだ視点をくれる人だったら最高なんだけど……」

ふと時計を見ると夜も23時を過ぎている……。誰にも声はかけられないけれど、誰かとブレストをしたいな、と思うことがしばしばありました。

そんな私が編み出したのが、**偉人ブレスト**です。やり方は、とってもカンタンです。

≫「偉人の名前」＋「名言」で検索

インターネットのブラウザの検索画面に「偉人の名前」＋「名言」と入れるだけ。すると、名言のまとめサイトが次々出てきます。私はこれを、「ブレストの場に偉人を召喚する」と言っています。

偉人ブレストのメリットは、自分では到底思いつかないような示唆や斬新な視点が得られることです。

そのため、アイデアの取り組みはじめではなく、「ある程度アイデア出しを行った後」で使うといいでしょう。

自分ひとりで考えはじめて、それなりにアイデアは出すことができた。しかし、行き詰まってきて、どうも思考が堂々巡りしてしまったというときにこそ効果を発揮します。これまでに出したアイデアをさらに広げたり、違う視点から発想のヒントを与えてくれます。

今日のテーマは、「少しさびれてしまった温泉市街地の再活性化プラン」のアイデア出しです。ひとりでアイデア出しを何度かはしてみたものの、まだ「これだ」といったアイデアには至っていない状態です。今回は、ブレークスルーするために必要な視点をいつもくれるアインシュタインさんをお呼びします。

インターネットで「アインシュタイン　名言」と検索すると出てくる名言がまとめられたページを開きます。そして、列記された名言を上から読んでいくのです。この偉人ブレストをしているときの私の頭の中を覗いてみましょう。

この偉人ブレストで大事なのは、取捨選択です。すべての名言が役立つわけではありません。そこで、私がどのように取捨選択をしているのか、心の中でのつぶやきも交えて、お伝えしていきます。

名言1

大切なのは、疑問を持ち続けることだ。神聖な好奇心を失ってはならない。

こちらは、どうでしょう。温泉市街地のブレストをしたいのにちょっとピントがずれているのでは、と思いつつも、相手は偉人です。最大限相手の言っていることを理解しようと努めてください。偉い人ほど、私にとって示唆的なことを言ってくれるのです。きっと、これも何か私を導こうとしている言葉のはず。

そもそも私は、この温泉市街地の再活性化について、どんな疑問を持っているのだろうか。観光客とは誰かというターゲットの設定について？　宿泊施設のオペレーションについて？　それとも、さびれたスナックが大半を占める温泉街を昭和レトロと言い換えられないか、ということ？

いい示唆が得られそうですが……あまり長い時間をかけてひとつの名言に付き合いすぎると、時間がいくらあっても足りなくなってしまいます。少しモヤモヤとしたら、どんどん次の名言に移っていきましょう。

名言2

天才とは努力する凡才のことである。

はい、なるほど。いいお言葉ですね、個人的に受け取っておきます。次！

名言3

私は、先のことなど考えたことがありません。すぐに来てしまうのですから。

すみません、いまの私の仕事は、先のことを考えることですので、次！

名言4

神はいつでも公平に機会を与えてくださる。

はい、次！

名言5

一見して馬鹿げていないアイデアは、見込みがない。

はっ！　これは、ありがとうございます。そして、すみません。私、つい地域のお仕事は、自治体をはじめ関わる方も多いので「正しい」答えはなんだろうって、思いすぎていたのかもしれません。

いまのところ、出しているアイデアは正しそうな顔つきばかりしていますね。温泉市街地とは「遠そう」なものとの組み合わせから考えてみようかな。

「アイドルA × 温泉地」「カラオケスナック × インバウンド」「射的 × 温泉まんじゅう」「露天風呂 × イルミネーション」などなど。

いずれも、まだ芯は捉えていない気がするけれど、軽やかな発想になってきた気がします。さらに、次いってみましょう。

名言6

大切なのは、自問自答し続けることである。

してます、してます。自分だけでは限界があるんで、アインシュタインさんとブレストしているんです。でも、たしかに、温泉市街地にとっての本質的な問いとか、問題解決って何なのだろう。

究極的には、自分のような外部コンサルタントがいなくなっても、活性化が続いていくような状態をつくることができるってことですよね。そこに向けては、何が必要なんだろう。

名言7

知的な馬鹿は、物事を複雑にする傾向があります。それとは反対の方向に進むためには、少しの才能と多くの勇気が必要です。

これは、難しく考えすぎるなってことですよね。

あれ、そもそも自分が得意なことや好きなことでこの地域に貢献できないだろうか。たとえば、自分が得意な「アイデア教育 × 温泉」ということから、観光従事者たちがみんなアイデアを出せるようになったらどうだろうか。あれ、シンプルだけど、意外にもそういう道もあるのかも。ありがとうアインシュタインさん、気づかせてくれて。こちらでひとつ、企画書をまとめてみようかしら……。

といった形で、私の偉人ブレストは、夜な夜な続いていくのです。

いかがでしょうか。ここまで偉人とブレストをしているときの私の頭の中を描写してみました。少しイメージができましたでしょうか。

大事なことは、相手の言葉に対して「とっても有り難いものだ」という前提で、自分のいま抱えている問題に対して、どんな示唆を与えてくれようとしているのか、頭をフル回転させることです。

大先生ですから、直接答えを言ってくれることなんてありません。示唆に富みすぎていて、何を言っているかわからないことも多いですが、それも自分の力不足だと思って、偉人大先生のお言葉から、どれだけ発想を広げられるかが肝になってきます。

100個くらいの名言に当たって、1つから大きな示唆をもらえたらよい

そして、もうひとつ大事なことは、思考を止めないことです。

かなり慮《おもんぱか》って聞いても、的外れなお言葉ばかりのことも。そういうときは、ひとつの

名言に時間をかけずに、どんどん次の名言に移っていきましょう。１００個くらいの名言に当たって、１つから大きな示唆をもらえたらよい、くらいの気持ちで臨みましょう。

さらに、その偉人の名言がどれもお題からはピントがずれているようなら、ブレスト相手を躊躇なく替えましょう。偉人の先生は、もうお亡くなりになっている方が多いのですし、ブレスト相手の交代に対して忖度しなくていいのです。

ピカソ、ウィンストン・チャーチル、マザー・テレサ、ニーチェ、アリストテレス、芥川龍之介、ナポレオン、坂本龍馬、リンカーンなどなど、偉人たちがいつでもブレストの相手になってくれます。

ちなみに、なかなかいい相性のブレスト相手が見つからなくて、かつ、急を要するようでしたら「○○名言」を、考えなければいけない領域にして検索してみましょう。「ビジネス　名言」ですと、経営者やビジネスパーソンの偉人たちが寄ってたかってブレスト相手になってくれます。

今回、私が考えていた温泉市街地のように「まちづくり」についてはどうでしょうか。「まちづくり　名言」で検索してみると、名言がまとめられたサイトは出てきませんが、考えに資するような名言はいくつか出てきます。

「街づくりは人づくり、人づくりは我づくり」立教志塾

「点が線になり、面になる」スティーブ・ジョブズ

「金を残して死ぬのは下だ。事業を残して死ぬのは中だ。人を残して死ぬのが上だ」
後藤新平

「暗ければ民はついて来ず」坂本龍馬

「経済なき道徳は戯言《ざれごと》、道徳なき経済は犯罪」二宮尊徳

どうでしょう、先ほどの温泉市街地の再活性化に対して、ちょっとアイデアが膨らんできそうではありませんか。

この偉人ブレストは、受け取る自分自身の技量によるところが大きいですが、あらゆる問題で使うことができるものです。

でも、いちばん効果を発揮するのは、未来を構想するときです。パーパスやビジョンといった経営の未来像を描くときや、事業コンセプトといった事業の未来を構想するときには、ぜひ使ってみてください。

私たちは、仕事のことを考えるとき、近視眼的な考えになってしまいがちです。偉人の先生たちは、そんな私たちに活を入れてくれます。

というわけで、以上が偉人ブレストの紹介でした。

このように、この章では、私自身がどのようにアイデア発想法を使っているのか、というお話を事例ベースで紹介していきます。解説するならば、この偉人ブレストは、後ほどご紹介する「**強制発想法**」に近いものです。併せて、ご覧いただければと思います。

【②ひとりワークショップ】

ファシリテーター兼参加者となって妄想ワークショップを開催する

アイデアが求められる機会は、突然やってきます。

準備ができていれば、スイスイとアイデアが出せるのかもしれませんが、前提の知識もなく何から考えていいのかわからない、といった状況も少なくありません。

たとえば、BtoBのメーカーから、品質方針をどうつくり、どう運用していくべきか、といった領域の相談を受けるようなことがあります。突然、研究所に呼ばれて、こんな新しい発明をしたのだけど、これって何かアイデアを加えて商品化できないでしょうか、という問いを投げかけられたこともあります。

皆さんは、いかがでしょうか。

上司から「こういうことを考えてみたいのだけど」と意表を突かれるような相談を持ちかけられたり、「新商品の企画を出してもらえるかな」と突然依頼されたりすることもあるのではないでしょうか。

そういう依頼を受けたとき、まず、何をしますか。

デスクに座ってPCを前にすると、ついリサーチから入ってしまうのではないでしょうか。おそらく、そういう人がほとんどでしょう。でも、それが唯一の正しい方法なのか、私は疑問に感じます。

リサーチを行えば、類似の商品も見られるし、ライバルについてもわかるし、いまのトレンドもわかる。でも、その前に、その話を聞いたばかりのときは、フラットな生活者に近い「素人」でもあることは、何かのチャンスでもあります。

もしかすると、知識を頭に入れてしまってからでは気づくことができない、アイデアのヒントを見つけることができるかもしれない。

リサーチはいつでもできる。だからこそ、先入観がない初動のときにこそ、チャレンジできるアイデアを生む方法はないだろうか、と私はこれまで模索してきました。

ということで、2つ目に紹介するのは、これまで携わったことがない新しい分野について考えるときに、私が行っている「ひとりワークショップ」です。

ワークショップと大仰な名前をつけていますが、基本的には、自分の頭の中ですべてが完結するものなので、デスクではなくカフェやファミレス、ときには、ひとりでお酒でも飲みながら行っているものです。

（手順1）ワークシートをつくる

最初にワークショップの設計を行います。

私がよく行うのは、ワークシートをつくり「これを埋めれば企画ができる」という穴埋め文章をつくる方法です。

このワークシートを上手につくれるかどうかが、ひとりワークショップの肝になってきます。基本形としては、図13のように「課題＋手段＋目的＋1次的成果＋2次的成果」という、5つの穴埋めになるようにするのがよいでしょう。

文章にすると「【課題】に対して、【手段】をして、【目的】というアイデア。その結果、【1次的成果】という成果を生み、それは、【2次的成果】に結びつく」といった形になります。

もちろん、この構文がすべてではないので、それぞれ求められていることによってチューニングしていけばいいと思いますが、この5つの穴埋めは、なかなか汎用性の高い

図13 ワークシートは5つの穴埋めが基本形

課題 という課題に対して、

手段 をして、

目的 というアイデア。

その結果、**1次的成果** という成果を生み、

それは、**2次的成果** に結びつく。

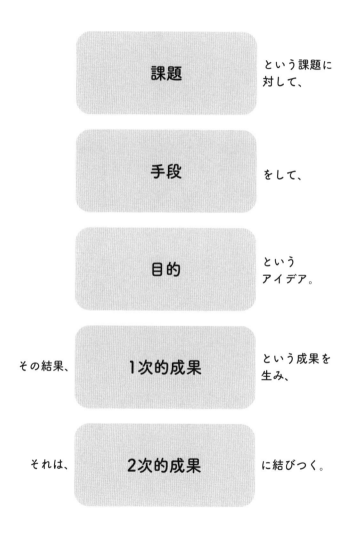

ものだと自負しています。

第2章の最後で触れた「アイデア分解構築シート」に近いように見えますが、こちらは記入する内容もそれぞれ一言ずつくらいのラフなものです。1本の文章をつくるために「穴埋め」をするといったイメージで取り組みましょう。

（手順2）ひとりワークショップ開始

ワークシートができたところで、実際にひとりワークショップを行っていきます。

いきなり、ひとつのワークシートを完成させることを目標にせず、断片でもいいので複数のワークシートをつくることを目指します。

ですので、パワーポイントなどを使って記入していくときは、ワークシートをスライドごとにいくつもコピーしておいたり、テキストで行うのであれば、この穴埋め構文をいくつもコピーして用意しておきます。

取り組みやすいところから穴埋めをする

では、やっていきましょう。

穴埋めですが、上から順番に埋めていく必要はありません。すでに「与件」となっているものなど、埋めやすいところから取り組んでいきます。

たとえば、会社の周年事業の企画を任せられたとしたらどうでしょう。

「来年、うちの会社が60周年になるんだけど、なんか企画しないといけなくて、ちょっと考えてみてもらえる？」

アイデアを依頼されるときには、この例のように課題も、目的も、成果も曖昧なものが多くあると思います。

そんなときは、取り組みやすいところから穴埋めをしていきましょう。

私のやり方としては、あくまでワークショップ風を大事にします。ファシリテーター役の私が「では、課題のところから考えてみましょう」とワークシートを見ながら、心の中で宣言します。

次に、ワークショップ参加者である私は、目を閉じてその「課題とは何か」について考えはじめます。ファシリテーターと切り替えるために、参加者として考えるときには、目を閉じるようにしています。

そういえば、経営者が、「一人ひとりが率先して挑戦者になるという文化が失われつつある」ことに危機感を感じていたな、ということを思い出したら、それを「課題」に入れていきます。

課題とは、問題のある現状と理想の姿の差分ですので、「かつてあった一人ひとりが率先して挑戦者となる風土を取り戻す」となります（図14）。

ひとつ埋まったところで、またファシリテーター（の私）が出てきて「次は、どこが考えやすいですかねえ」と心の中でつぶやきながら、ワークシートを眺めます。

ひとつ埋まっていると、他も埋めていけそうです。

風土とは、企業の性格のようなもので容易につくることはできませんが、その形成に資するものを周年プロジェクトの２次的な成果に置いてみたいと思います。わかりやすく、新製品やサービスにしてみます。

「（社員の挑戦から）新しい製品やサービスが次々と生まれること」といったん置いてみましょう（図15）。

この「いったん置いてみる」ということが大事です。

図14 課題の穴を埋める

かつてあった一人ひとりが
率先して挑戦者となる
風土を取り戻す

という課題に
対して、

手段

をして、

目的

という
アイデア。

その結果、

1次的成果

という成果を
生み、

それは、

2次的成果

に結びつく。

図15 2次的成果の穴を埋める

かつてあった一人ひとりが
率先して挑戦者となる
風土を取り戻す

という課題に
対して、

手段

をして、

目的

という
アイデア。

その結果、

1次的成果

という成果を
生み、

それは、

（社員の挑戦から）
新しい製品やサービスが
次々と生まれること

に結びつく。

100点を目指すと時間がいくらあっても足りませんから、60点くらいの納得度であれば、穴埋めしてしまうことがポイントです。後でいくらでも直せばいいのですから。

アイデア側からと、結果側からの両方から考えていく

さて、これで2つの穴埋めが終わりました。

またファシリテーターが出てきます。

「次は、60周年の施策アイデアからの直接的な結果である『1次的成果』を埋めるか、それとも施策アイデアそのものの「手段」と「目的」を埋めるのか、どちらもありますねえ」と、心の中でつぶやきながらワークシートを眺めます。

これも、皆さんそれぞれ、やりやすいやり方を見つけていただくのがいいのですが、私は、こういうときに「トンネルを両方から掘る方式」で行います。

つまり、手段と目的のアイデア側からと、結果側からの両方から考えていくわけです。

といっても、ひとりブレストで脳はひとつなので、目を閉じて考えてみて、思いつかなかったら、逆を考えてみる、ということを繰り返していきます。

手段から考えてみると、周年施策ですから、やるべきことはいくつかあります。その中

からヒントになりそうなものはありそうです。

たとえば、過去60年の歩みを振り返るということです。

これを、課題を通して考えてみるとどうでしょうか。会社の沿革を見ると、商品の発売や事業所開設や市場での結果が並んでいるだけですが、その裏には挑戦者たちがいるはずです。そこにフォーカスを当てて、60年を振り返ってみるのは面白そうです。

というわけで手段に記入してみます。「過去60年の歴史を、当社の挑戦者たちの思いや活動を通じて振り返ること」などでしょうか。

すると、目的はすんなりと書けるのではないでしょうか。

たとえば「価値創造は、みんなではなく、ひとりの思いと第一歩から生まれるということに気づく」というものはどうでしょうか（図16）。

さて、穴埋めしないといけないことは、あとひとつになってきました。

改めてワークシートを眺めながら、この結果の部分をどう埋めていくか考えます。

いかがでしょうか。

後は自然と埋まると思いきや、なかなか難しいのではないでしょうか。

前後両方と、きちんとつながるようなことを埋めないといけないので、最後が難しくなるケースが多いのです。

図16 アイデア側からと、結果側からの両方から考える

かつてあった一人ひとりが
率先して挑戦者となる
風土を取り戻す

という課題に対して、

過去60年の歴史を、
当社の挑戦者たちの思いや
活動を通じて振り返ること

をして、

価値創造は、みんなではなく、
ひとりの思いと第一歩から
生まれるということに気づく

というアイデア。

その結果、

1次的成果

という成果を生み、

それは、

（社員の挑戦から）
新しい製品やサービスが
次々と生まれること

に結びつく。

この例では、「気づきが生まれるというアイデア」では、何かしら明確な成果には結びつきづらいということがわかります。最初に設定した課題が大きすぎるということもあるので、そこは後で検証するとして、まずはこのシートを完成させましょう。

上下どちらかとつながりが悪くなってしまうとしたら、下との整合性をつけるほうを優先させるようにします。

なので、2次的成果の「（社員の挑戦から）新しい製品やサービスが次々と生まれること」に結びつくために必要なものとして、「一人ひとりのチャレンジを支えていく様々な仕組みや取り組みが生まれる」と置いてみます。

これで、ひとまずワークシートが完成しました（図17）。

改めて、見てみましょう。

アイデアと結果（1次的成果）のところに少し断絶があって、自然発生的には、この結果にはつながらないように思えます。

とはいえ、方向性としては悪くはなさそうなので、合わせ技で一本狙うような形で60周年にかこつけて行える施策を具体的に考えてみます。

たとえば、

図17 ワークシートが完成したら全体を通して流れを確認する

かつてあった一人ひとりが率先して挑戦者となる風土を取り戻す　という課題に対して、

過去60年の歴史を、当社の挑戦者たちの思いや活動を通じて振り返ること　をして、

価値創造は、みんなではなく、ひとりの思いと第一歩から生まれるということに気づく　というアイデア。

その結果、一人ひとりのチャレンジを支えていく様々な仕組みや取り組みが生まれる　という成果を生み、

それは、（社員の挑戦から）新しい製品やサービスが次々と生まれること　に結びつく。

・あの商品の「最初の一歩展」（歴代のヒット商品の「最初の一歩」となった、ひとりの社員の発想や思いにフォーカスを当てた展示を行う）
・早すぎた！　飛びすぎてた⁉　残念ながら市場に残らなかった挑戦の軌跡（斬新なアイデアだったが、うまく市場定着できなかった商品を60年分まとめて振り返るコンテンツ）

など、このシートで導いたところから、さらに一歩具体的な施策アイデアに展開していくことができます。

このようにシートにしてアイデア出しをするメリットは、アイデアの分岐をいくつかのレイヤーに分けることができることです。

そもそもの出発点の課題設定や目的を変えてみましょう。

たとえば、「この会社に入ってよかった、と過去の自分の選択が間違ってなかったと思ってもらえるような社内に寄与する周年にしたい」といったように。そういう背景があったら、まずシートの中央の目的のところから埋めてアイデアを考えていきます。そうすると、先ほどとは、まったく違ったアイデアが出てくることでしょう。

このように「ひとりブレスト」をするときは、ワークシートを事前につくってそれに沿ってブレストをすることが大事です。

ワークシートは、シンプルなものがまずは取り組みやすいでしょう。どんな問題に対して、どんな状態を目指したいかという2つだけでもいいかもしれません。

本格的にアイデアを構築していくのならば、第2章でお伝えした「アイデア分解構築シート」を使うのがおすすめですが、そこまで本格的ではなく、まずは頭を巡らせるという意味では、シンプルなワークシートをつくってみましょう。

本書では、白紙の「ひとりブレスト用ワークシート」を付録として用意しました。こちらをコピーして使ってみてください。

【③越境した横展開】

アナロジー的思考で「借りてきて横展開」させる技術

私は大学院生の頃、地域づくりや文化人類学について学んでいました。そのため か、**あらゆるビジネスの事象を「地域の中での事柄」に置き換えて考えることが多くあります。**

たとえば、先日の話です。とある企業の人事部の方から、社内のイベントを開いてもどうしても参加者が集まらない、という悩みを聞きました。

「周年でビジョンも変えることも決まったし、自分たちの会社のことなんだから、もっと一人ひとりが積極的に参加してくれたらいいのに、なぜか、いつも同じメンバーしか集まらない……」というのです。

こういう悩みを持たれている方は、実は多いのではないでしょうか。

しかし、「地域の中での事柄」に置き換えてみると、参加者が集まらないのが当たり前のことのようにも思えます。

この悩みを、お祭りにおける参加の募り方に置き換えてみましょう。

いくつもの町内をまたがって開催されるような大きなお祭り。その祭り全体を盛り上げるために、「みんな積極的に運営に参加してください」というような呼びかけをするでしょうか。

そうではなく、小さな単位での呼びかけが行われています。町内の神輿《みこし》の担《かつ》ぎ手を募集したり、神輿に参加してくれた子どもにはお菓子をあげたり、大人には途中途中での振る舞い酒や打ち上げなどを誘い文句にしながら、「自分たちの町内」を盛り上げているのではないでしょうか。

自分が所属している小さなコミュニティを盛り上げることを直接の動機にしながら、その熱量が集まって、ひとつのお祭りの熱量になっていることが多いように思います。

とすると、「会社全体を盛り上げるためにみんな参加してください」という動機のつくり方は、ちょっとハードルが高すぎるような気がします。

たとえば、部や課やチーム単位でまず盛り上がり、会社のイベント自体が成り立っていくような仕組みをつくれないか、と考えたほうが勝算がありそうです。

このような考え方は、アナロジー的思考（類推思考）と呼ばれています。物事の間にある援用できそうな構造を見出し、応用する思考法です。

一見するとまったく異なるように見える課題にも、A→A′とB→B′というように類推し、援用できそうな構造を見出せることが多々あります。このようなアナロジー的な思考を身につけることができると、新しいアイデアを生みだすときにとても役立ちそうです。

私も解決策を考える際には、先ほどの例のように、「何か（これと）似ているようなことはないか」「類似性を持っているものはないか」と探すようにしています。

この考え方は、前例がない課題や、思考しはじめたけれど、取っ掛かりがないように思えることに取り組むときにも、とても役立ちます。

アナロジー的思考で問題解決した事例

ひとつの例を挙げましょう。詳細はお伝えできませんが、とある企業において、会社の根幹を揺るがすような大きな危機があり、その事実とその後の対応について、どのように伝えることが適切なのか「社内コミュニケーションを設計してほしい」という依頼を受けたことがあります。

多くの社員にとっては、一生この会社で安泰に勤めていくことを疑いなく信じていたはずなのに、それを大きく覆《くつがえ》すような危機でした。その企業にとっては、企業を存続させていくためには、一時の大量出血はやむを得ない、という苦渋の決断となるものでした。この経営者の判断は、どのようにしたら社員の一定の理解を得るところまでいけるのでしょうか。

同様の事例を当たってみたところ、特に、定石と言えるようなものはありませんでした。危機管理コンサルタントのような専門家にヒアリングしても、明確な答えは持ち合わせてはいませんでした。

そこで、アナロジー的な思考で、違う分野から応用可能なものはないか、手当たり次第に探しました。

大きなショックに直面したときに、人にはどのような心理的な変容が起こるのか、ということを考えてみると「余命宣告を受けたとき」と似ているのではないか、と考えました。自分では、どうすることもできない大きな流れを前にして、どのようにその運命を受け入れていくのか、というところに今回のヒントがあると思ったのです。

そこで参考にしたのが、『死ぬ瞬間』（中公文庫）の著者である精神科医、エリザベス・キューブラー＝ロスの「死の受容の5段階」というプロセスです。それは、すべての患者に当てはまるわけではないとしつつも、次のような段階を経るというものでした。私は、そのときまでこの説を知りませんでしたが、看護の分野などにおいては、とても有名なもののようです。これは、次のような5段階となっています。

①否認・隔離：自分が死ぬということは嘘ではないのかと否認する
②怒り：なぜ自分が死ななければならないのかという怒りを周囲に向ける
③取引：なんとか死なずにすむように取引をしようと試みる。何かにすがろうとする
④抑うつ：絶望を感じて何もできなくなる段階
⑤受容：最終的に自分が死に行くことを受け入れる

この5段階を参考にしながら、その会社や社員にとって危機的な状況にある、今回の社内へのコミュニケーションに転用していきました。一度に全部伝えるのではなく、段階的に情報を開示し伝えていくように設計しました。

通常であれば、最初の発表のときに、事業撤退の事実に加えて、既存部門に対する考え方、人事的な方針や処遇をすべて最初に伝えるのが通例のようです。

しかし、このキューブラー＝ロスの説に則れば、衝撃的な事実を伝えられたときの最初の反応は「①否認」となります。ですから、説得的な情報をいくら重ねたところで受容には至らない。そこで、伝達を複数回にわたって時系列で組み立てました。

「②怒り」のフェーズにおいては、なぜ、このような結論となったのかを経営的な視点から丁寧に伝えながら、会社が存続していくに当たっては「合理的でいちばん正しい決断」だったことの理解を求める説明を行いました。

「③取引」のフェーズにおいては、一人ひとりに対して最悪な結末ではなく、考えられ得る最善の選択肢を用意していくことを提示。

「④抑うつ」のフェーズでは、ひとりで思い悩むことなく、チーム、同僚、家族などにおいて対話が生まれるような情報提供を行いました。

結果として、経営対現場での軋轢《あつれき》や断絶が露骨に生じることなく、会社としての危機を乗り越えることができました。

もちろん、一人ひとりにフォーカスを当てれば、大きな負担を強いるものでした。しかし、何を伝えても「否認」されるフェーズを超えて、丁寧にコミュニケーションをとっていくことによって、従業員のことをいちばんに考えて、あらゆる決断を行った経営陣の思いを届けることができました。

できるだけ違う分野から借りてくる

アナロジー的思考で大切になってくることは、できるだけ違う分野から借りてくることです。あまりに近い分野だと、単なるアイデアの再利用になってしまいます。

先ほどのキューブラー＝ロスの事例のように、このあたりと似ていそうだなと思いながら、その分野を調べて、援用できそうな理論や方法や事例を借りてくるというのが、私が行っている方法です。

実は、その頃、母にがんが見つかり、心の浮き沈みに対してどう寄り添えばいいのかわからず、看護の本をあれこれ読んでいました。そして、たまたま「死の受容の5段階」というプロセスを知ったのです。そして、この考えは応用可能性がありそうだと思い、「アイデア分解構築シート」にも書き込んでいました。

アイデアのネタを仕込む意味で、私はこのように「アイデア分解構築シート」を日常的に使っています。自分の仕事と直接的に関係のある事例については、このシートに書き込み、構造的に理解することで「いつか使える」という素材にしています。また、うまくシートに落とせないものについては、テキストとしてまとめる形でストックしています。いずれにしても**アーカイブ化することが、アナロジー的な思考を強化していくために大事な作業**になります。

このようなアナロジー的な思考によって生まれているアイデアは、まちづくりの分野にもあります。

たとえば、来訪人口を増やすには、強いストーリーを持った文化資源を再発見し、それを整備し、時代に合わせてスポットライトを当てることがセオリーと言われていました。しかし、どれだけ探しても自分たちには強い資源はない、という町がほとんどです。

では、どうしたらいいのか？

それは、どの国どの地域にとっても課題でした。

1970年代にフランスの農村からはじまった取り組みで「エコミュージアム」というものがあります。それは、次のようなアイデアです。

形態ではなく、機能として捉えることで新しいアイデアが生まれる

どんな町にも小さな文化資源は点在している。ならば、地域全体をミュージアムと捉えて、それらを大切に保存しながら、ストーリーを持って文化資源を見て回れるマップをつくり、ツアーをはじめ、それを軸に町をつくっていくというものです。

これは、発祥の国フランスはもとより、日本でも多くの地域で展開されています。そして、いま、文化庁が推進する日本遺産のように、行政区分を超えて文化資源をストーリーで編み直す取り組みへとつながっています。

同様に、イタリアを発祥とするアプローチに「アルベルゴ・ディフーゾ」というものがあります。これは、町や村全体をホテルに見立てるというものです。日本でも、東京・谷中にある“HAGISO”の“hanare”などのホテルがあります。ここでは、町の銭湯をホテル

の大浴場として、町のレストランをホテルのダイニングホールと捉えて、大型ホテルのようなハードを新たにつくることなく、既存の資源を再活用しながらまちづくりを実践しています。これも、アナロジー的な思考によるアイデアと言えるでしょう。

このまちづくりの2つの事例からの示唆は、何でしょうか。

ここで着目したいのは、博物館やホテルを「形態」としてではなく、「機能」として捉え直した点ではないでしょうか。

エコミュージアムでの博物館の機能は、保存（保全）、施設の管理、調査研究・収集保全・展示・教育・普及活動。アルベルゴ・ディフーゾでのホテルの機能は、眠る、体を洗いリラックスする、食べる、お茶をする、庭を散策するなど。

それぞれ分解の仕方に違いはありますが、「機能」として捉えたからこそ、応用可能となり、地域という単位に当てはめることができたと言えます。

同様のアプローチは、企業活動にも応用可能です。

その「機能」をどう定義するかによって変わってきますが、たとえば、大学の機能を持ったＩＴ企業、森の機能を持ったマンション、駅の機能を持ったレストランなどと考えてみるとどうでしょう。有機的な新しいアイデアが広がっていくはずです。

企業ビジョンの大きな役割とは

さらに、この考え方は、根源的な問いの答えを導くことにも適しています。企業のフィロソフィーの策定や中期経営計画の仕事に関わっているときに、「なぜ、ビジョンは必要なのか?」という問いを投げかけられることがあります。

もちろん、経営論的に、ビジョンが組織の中でどのように機能して……ということを説明していくことも大切です。それに加えて私の頭をよぎるのは、作家サン＝テグジュペリの次のような言葉です。

「愛はお互いを見つめ合うことではなく、ともに同じ方向を見つめることである」

恋愛や結婚において「ここが好き」と言い合っているときは幸せを感じるでしょう。しかし、逆に、お互いにあらを探しはじめるようになってしまったら関係は悪化の一途をたどってしまう。これは男女間だけでなく「仲間」をつくるとき全般に言えることでしょう。

そのときに必要なのは「何の目的のために一緒にいるのか」ということの言語化である、とアナロジー的に解釈することもできます。それこそが、ビジョンの大きな役割なのだと説明することもできるのです。

いま、世界中が、不安を抱えた状況にあります。

これから必要になってくるのは、それぞれの組織やコミュニティにおいて、どの方向を見据え歩みはじめるのか、その決定と言語化をすることです。

昨今、企業がフィロソフィーとして、パーパスを制定することも注目されています。パーパスとは、企業の社会的存在意義のことで、「企業は何のために存在するのか」ということや「社会に対してどのような責任を果たすのか」ということを定義することだと言われています。

こちらも、サン＝テグジュペリの言葉から見てみると「企業が社会と、『ともに同じ方向を見据え合う』ことへのチャレンジ」と捉えることができるでしょう。

このように言葉を借りてきて、イメージで概念を理解しやすくすることも、ひとつのアイデアだと思います。

【④憑依思考法】

凡人も天才に変わることができる技術

アイデアを生みだそうと思っているときに困ることが、私には大きく2つあります。

ひとつは、思考がストップすること。つまり、アイデアを出そうと思ってもノートやパソコンを前に固まってしまい時間だけが過ぎてしまうこと。

もうひとつは、アイデアが固定化してしまったり、無難なアイデアしか思い浮かばず、いいアイデアと言えるほどのアイデアまで「飛ばない」ということです。

どちらの状態に陥ったときにも、「あの人だったら、こんなこと起こらないんだろうな」というデキる人への羨望や嫉妬の思いが浮かんできます。

憧れの人を真似してみる

そんなとき、ふとある有名なＣＭプランナーの真似をして、あの方だったらこうやって企画をするよなと思い浮かべて、本人になりきって企画をしたことがあります。企画の前段と呼ばれるところの書き方や、書類のまとめ方も含めて、憧れていたところもあったので、かなり忠実に再現ができていたと思います。

するとどうでしょう。

止まっていた企画が、スルスルと出てくるようになったのです。

しかも、自分だったらこう考えるけれど、○○さんだとここまで飛ばしそうだな、とか、△△さんは、社会的な文脈を借りてきそうだから、こういう企画を出すんじゃないかなど、ひとつの課題に対していろいろな人を憑依《ひょうい》させながら企画をすると、アイデア出しで思考が止まることもなくなり、小さくまとまりすぎてしまうこともなくなりました。

これを「憑依思考法」と名付けました。この「憑依思考法」で大事なのは、「○○さんだったら、この課題に対してどんなアイデアを出すだろうか」という問いを立てることです。そして、その○○さんを憑依させます。上手に憑依させるためには、○○さんの思考やアイデアについてのインプットの量が大事です。

上手に盗んで自分のものにする

最初は、会社や職場のできる先輩などからはじめるのがよさそうです。

私は、ある程度著名な方で、この人のアイデアへのアプローチが素敵だなと思うと、その人の書籍や、その人のインタビュー記事を全部読み、かつブログやSNSも過去に遡《さかのぼ》って追いかける、ということを行うようにしています。

そして1ヶ月ほど、その憑依したい方の情報をインプットしつづけていると、どんなことを考えそうか、解像度がだいぶ上がってくることを実感します。

私のやり方は極端ですので、あまりおすすめはできませんが、大切なのは「企画者としての視点や考え方や技」を上手に盗んで、自分のものにするということです。

ただし全部を盗む必要はない

しかし、憑依思考を使っても、うまく使えるものと、使いこなせないものがあることがわかってきます。そこで私は、全部を盗む必要はない、と割り切っています。

なぜなら、人それぞれの思考の特性や、経験の蓄積と相まって、その思考が活用できるからです。

たとえば、弊社でCMのプランニングを行っている岡部将彦の映像をつくるときのアプローチは、ユニークで、盗みたいと思ったことがあります。

しかしながら、彼のやり方は、論理的な思考の上に「面白い」ということをうまく掛け合わせています。私は、この面白さの掛け合わせが、どうしても上手にできません。

彼の企画やアイデアの強さは、関西人としての「面白さ」を追求してきた経験やコンテンツを数多く吸収してきたからこその引き出しの多さがベースとなっています。

彼のように面白い映像企画をつくりたい、と思って完全に盗もうとしても、自分の足りなさばかりに目がいってしまい苦しくなるだけです。

私は、ひとりだけに憑依するのではなく、いろいろなプレイヤー（企画者）の視点や考え方や技の中から「自分が使いやすいもの」をパッチワークのように組み合わせるようにしています。

【⑤フレームアウト思考法】

アイデアが飛ばないときの救済法

長く関わっている仕事や戦略を自分で考えて、アウトプットも自分で考えるという状況のときによくあるのが「アイデアが飛ばない」という問題です。

そんなときに使えるのが、この「フレームアウト思考法」です。

フレームアウトというのは、撮影のときなどに、対象がカメラの画角から外れてしまうことを指します。この言葉の通り、アイデア発想をするときに、通常で考える範囲から「あえて」フレームアウトして考えてみようというものです。

通常、アイデアを考えるときには、様々な制約を加味しながら考えるものです。

しかし、ここではあえて、予算の制約を外す、技術的な制約を外す、ターゲットの制約を外すなど、あらゆる制約を外しながら、「あり得ない（ぶっ飛んだ）」アイデアを次々と出していきます。

たとえば、先ほども例に挙げた企業の周年の企画を考えてみましょう。

フレームアウト思考法からあり得ないアイデアを考えてみると、

「会社の創立記念日を、国民の祝日にする」

など、あり得なくて、馬鹿げたアイデアになります。

フレームアウト思考法としては、まずは、このようなぶっ飛んだアイデアを出していきます。そして、その後、それらの「あり得ないアイデア」を、現実的な制約を加味しながら、現実的なアイデアに落とし込んでいくのです。

「国民の祝日は無理だとしても、創立記念日を会社の公休日にする」

「公休日は難しいとしても、午前の式典に社員全員が出席して、午後も仕事はせずに、チーム間で競うレクリエーションを行う」

などなど。

このように、あり得ないアイデアを起点としながら、通常では考えつかないアイデアに調整していくのです。

チームでアイデアを出すときにも使える

この方法は、チームでアイデアを出す、というときにも役立ちます。

チーム編成をするときに、私はよく、アイデアを実際に形にするまでの力はないけれど、私が発想しないようなアイデアを思いつくことができる飛躍力があるような若手を入れることがあります。

その理由は、彼らの出す「あり得ない」と思えるようなアイデアが、ブレークスルーのヒントになることが多いからです。

しかし、そんな人がいつもいるわけではありませんし、彼らだけでは足りないときもあります。

そういうときには、チーム全員でいったん「フレームアウト」して、あり得ないアイデアを出し合ってみてはいかがでしょうか。

【⑥多面指し思考法】

仕事をたくさん抱えている方に贈る、手を止めないための方法

アイデアを出すというときに、ひとつの仕事だけに集中できればいいですが、なかなかそうもいかないところが、ビジネスパーソンのつらいところです。

私は、いまでこそ自分で仕事の量をコントロールできるようになりましたが、20代や30代の頃には、仕事を抱えすぎて「回らない！」と日々焦っていた時期がありました。ひとつの案件に時間をかけすぎてしまい、他に手が回らなくなってしまったり、ただ焦るばかりでココロが不安定になったり、無駄に時間が過ぎてしまったことがありました。そんなとき、将棋の「多面指し」にヒントを得たのがこの方法です。

将棋のプロがイベントなどで、子どもたち複数人を相手に将棋を指したりする姿をお祭り会場やニュースなどで目にしたことはありませんか。この将棋の「多面指し」という方法を「多面指し思考法」と勝手に呼んで実践しています。

アイデア出しにおいて「思考が止まってしまうこと」や「ぐるぐると同じようなことで時間を浪費してしまうこと」は、限られた時間の中では無駄になってしまいます。それを

回避するための方法です。

物理的な盤面をつくる

方法は、大きく分けて2つあります。

ひとつは、**物理的に多面指しの盤面をつくること**です。

広い場所を確保できるなら自分のデスクでもいいですが、私は、会議室のテーブルなど広さを確保できる場所で行います。

まず、取り組まなければならないタスクを分解して、それごとのスペースをつくります（図18）。広いテーブルなどが使えればベストです。その場所には、そのタスクに関わる資料と、アイデアを書き込む用紙（Ａ４のコピー用紙ないし、スペースが少ないときはハガキサイズの無地の用紙）を用意します。

同じ企業の課題に取り組む場合でも、取り組むべきことが複数にわたるときは、それぞれにスペースを用意することが大切です。

このように作業する場所が確保できたら、将棋や囲碁の多面指しの要領で、順番に取り組んでいきます。進め方のコツとしては、次の案件に進む条件を決めることです。

図18 物理的に多面指しができるスペースをつくる

＊MVVとは、Mission・Vision・Valueの略

目的は、マルチタスクで案件を進めることなので、ひとつの案件にかかりっぱなしになることを防ぐために上限を決めます。私は、15分や20分などと制限時間を設定します。どんなに思考がスムーズに進んだとしても、その上限時間を守るようにします。

そうすることで、細部に時間をかけすぎることなく、全体構造をつくることや、企画の骨格からつくっていくことに注力できるようになります。

見切り時間を設定する

もうひとつが、見切り時間を設定することです。

思考が進まないときは、潔く見切りをつけて、次の案件に取り組むようにしましょう。

私の場合は、5分間思考が進まなくて生産性が悪いと思ったら、見切りをつけて次に進むようにしています。このように、テーブルにいま取り組むべき課題を並べて、順番に多面指しをしていきます。

このやり方のいい点は、一度考えはじめたことは、バックグラウンド（頭の片隅）でアイデアの思考が動きつづけている、という点を利用していることです。

たとえば、C社のアイデアを考えているときに、先ほど思考が停滞して見切りをつけたB社のアイデアがふと浮かんだりするのです。そんなときは、B社の案件のフィールドに戻って、アイデアを書き留めるようにします。

考えなければいけないことが盛りだくさんで回らない、というときに、ぜひ試してみてください。

まったく同じではないですが、場所によって、強制的に思考を変えていく、ということで少し近い事例をご紹介します。

ウォルト・ディズニーは、夢想家・批評家・実務家の3つの人格を持って仕事に取り組むために、3つの部屋を用意して強制的に違う思考を掘り下げていたそうです。

夢想したアイデアを、批評家の目を持って叩き、実務家が両者の意見を参考にしながらビジネス化していくといった使い方などが想像できますね。実際、ウォルト・ディズニーは、これらの部屋を行き来しながらアイデアを具体化していたそうです。

【⑦前提ひっくり返し発想法】

既存の制約をひっくり返すことで新しいコンセプトを生みだす技術

新しい商品、新しいサービスなどを、ゼロからつくっていくことはなかなかハードルが高いことです。そんなとき、売れる定石やヒットする前提、話題になる条件などをリサーチすることはとても重要です。

しかし、そのリサーチ通りの「理想」をただ目指せばいいのでしょうか？ たいていの商品は、ヒットの要件をきちんと研究して、それを満たすものをつくっているのだと思います。

しかし、「コモディティ化」と言われるように、それだけでは戦えないことも多いのが現実です。

では、最初から前提をひっくり返して、アイデアを考えてみようというのが、このアプローチ、「前提ひっくり返し発想法」です。第2章で触れた「同質化の罠」にはまらないための方法のひとつでもあります。

例を挙げながら説明しましょう。

ひとつひとつの条件をひっくり返していく

たとえば、新しい男性アイドルを発掘し売り出していく、あなたがそんなプロデューサーの役目を担ったとしたらどうするか。

まずは、いま売れている男性アイドルの条件を列挙していきます。できるだけ要素を分解して、数をたくさん出すようにしましょう。

- 端正な顔立ちをしている
- 痩せている
- 明るい性格
- 女性だけでなく男性からも支持される
- オシャレ
- ダンスがうまい
- 歌がうまい
- スポーツができる

などなど……いくつでも出てくるでしょう。

この中から、ひとつずつ条件をひっくり返して、そんなアイドルがいたらどうなるか考えていきます。

「端正な顔立ちをしている」をひっくり返して「クセの強い顔のアイドル」とか、「ややぽっちゃりめのアイドル」とか、「暗い性格のアイドル」とか、「女性だけに支持されるアイドル」とか、「女性には支持されないけど、男性に支持されるアイドル」とか。

現時点で「売れる前提」とされているものを、ひとつずつ裏返して、可能性のありそうな条件を検証していきます。最後の男性だけに支持される男性アイドルなんかは、ちょっと面白そうですよね。

芸能界は、数多くのコンセプトでプロデュースされているので、すでに使われているプロデュース手法の例も多々ありますが、ヒットする条件をたくさん出していけば、その分、切り口が見つかっていく可能性が高まります。

強いコンセプトやアイデアは、自由に考えていいよと言われると、なかなか考え出すのが難しいものです。逆に制約が、面白いアイデアに化ける「触媒」になるときがあります。

この「前提ひっくり返し発想法」は、まさにそれです。

ヒットする条件をあえてひっくり返して、制約をつくることで、そこから新しいアイデアやコンセプトをつくる発想法です。

「制約はアイデアの母である」と言う人がいます。この「前提ひっくり返し発想法」を応用して、いつもとは違うアイデア発想を行うことにもチャレンジしてみましょう。

たとえば、新商品発売時には必ずテレビCMを打っているけれど、それを行わないようにしてみる、とか。これまで支持されてきた機能をあえて外した上で商品企画を行ってみる、とか。あえて制約をつくることで、これまでなかった強いアイデアが生まれるかもしれません。

【⑧無責任に置き換え法】

行き詰まったらターゲットやサービスを置き換える

ひとりでアイデアを考えはじめてしばらく経つと、全然アイデアが思いつかなくなったり、アイデアの出るテンポが悪くなったりします。そんなときには、発想を活性化させる「触媒」を投入しましょう。

その中のひとつが、私の中で「無責任に置き換え法」と呼んでいる方法です。

やり方は、とても簡単です。たとえば、「どのようにして男性に花を買わせるか？」という課題があるとします。アイデアの考えはじめは次のようにいろいろと出てきます。

「花を買ったことがわからないような包装にして、恥ずかしさを軽減させる」
「デートに行く男性に、17～19時の間にタイムセールを行う」
「（妻に）謝るための花言葉を伝えていく」
などなど。

しかし、続けているうちにアイデアの出るスピードが鈍ったりしてきます。そんなときに「無責任に置き換え法」を使います。コツは、この課題の「要素の一部」を突拍子のないものに置き換えていくことです。


「男性」を「エイリアン」や「酔っ払い」などに置き換えてみます。

「どのようにしてエイリアンに花を買わせるか？」

ということを考えてみるのです。

宇宙人に細かなことを説明しても伝わらないだろうから、

「いろいろな花のラインナップをやめて、赤いバラ専門店にする」

異星に持ち帰ることができるように、

「ドライフラワーを買ってもらうようにする」

など……。

ターゲットや商品、サービスを置き換えてみる

エイリアンは突拍子もない相手ですが、それでもアイデアは出てくるはずです。そして、

ここで出たアイデアが、元の課題に当てはまるのかを考えていくのです。

置き換えるのは、「外国人」でも「武士」でも「女子高生」でも何でもいいですが、突拍子もなく無責任なもののほうが、たくさんのアイデアが出るようです。

置き換えるものは、ターゲットだけではなく場所や、そもそもの「商品やサービス」にもできます。

「花を買わせる」ということも変えてみましょう。

ここを「インスタントカメラを買わせる」とか「基礎化粧品を買わせる」とか、まったく違うものに置き換えていくのです。

ここでも、よくありそうなものというよりは、「えっ、そんなものを?」というくらい意外性のあるもののほうが面白いでしょう。

たとえば、「妊娠検査薬」とか「男性アイドルグループのCD」とか、通常のアプローチでは、男性がなかなか買わないものを設定してみましょう。

もちろん、元の課題に適応できないアイデアも出てくると思いますが、意外と使えるものが多く出てくるはずです。

アイデアに行き詰まったときこそ、このようなメソッドの使い時です。

「無責任に置き換え法」を、試してみてください。

【⑨強制単語法】
行き詰まったら外部刺激で発想を膨らます

これは、私が編みだしたものではなく、広告代理店で新人だったときについていた先輩が行っていたもので「強制単語法」と私は呼んでいます。

当時、先輩と2人で会議室にこもり、新しくつくる基礎化粧品のコンセプトをブレストしていました。そこで、ひとしきりアイデアを出し合って行き詰まってきたときに、ふと先輩がこう言いました。

「仁藤くん、何でもいいから今回のターゲットが読みそうな雑誌を持ってきて」

どういう意図かもわからないまま、ターゲットである女性20代後半から30代がメインの購読者である雑誌を3冊ほど集めました。

「どこか適当に開いて、書いてある文字を読んでみて」

と言います。私は、言われたようにします。

書籍や雑誌から強制的に単語を取り出して連想する

「手持ちの定番をいかしながら、夏を乗り切る！　着回し30。いよいよ夏到来。オンでもオフでも、メリハリを上手につくって着回しができるのがファッション上手……」

と読んでいると「ストップ」と言われます。

そして、「オンオフ」「メリハリ」と先輩は言って、

「なんかさ、オンオフのスイッチになるようなスキンケアって、できないかな」

と続けて先輩はアイデアを書きはじめます。

「たとえば、仕事から帰ってきたらスーツを脱いで部屋着に着替えるでしょ。その流れで、スキンケアするとしたら、どういうものがいいだろうか。オンオフの切り替えで言うと、ひとりでビールを飲むとか、そういう人もいるよね。晩酌しながら、スキンケアとかできないかな」などとアイデアを広げていきます。

そしてまた、ひと通りアイデアが出たら、雑誌の続きを読んでいきます。

「上手に休むのも仕事のうち。軽井沢の散歩道で深呼吸。タンクトップの上に羽織るのは……」と言うと、また先輩が「ストップ」と言います。

「深呼吸っていいね、もしかすると、香りで日常から切り離されてリラックスできるみたいなこととかもあるかも」と言って「森林浴マスク」とアイデアを紙に書いてみます。

すると、「軽井沢の散歩道」「白神山地での瞑想」「屋久島の雨と芽生え」といったように、それぞれの香りと効用の違うものをラインナップするのもあるかも、と広がっていきます。

というように、アイデアに行き詰まったときに、書籍や雑誌から強制的に単語を取り出して連想していくのです。

この「強制発想法」は、チームで行うときにも、ひとりで行うときにも有効な手段です。発想を広げていくときに、使ってみてください。

【⑩欠点起点法】

既存製品や小さなサービス改善に使える技術

唐突な質問ですが、アイデアを次々と生みだす人って、どんな性格の人でしょうか？　私は、「明るくてポジティブな人」というイメージを持っていました。ネガティブ・チェックばかりする人は、アイデアとは無縁の人、なんて思ってしまいます。

でも、そうとも言い切れない、というのがこの発想法です。

ネガティブ・チェック発想法というくくりで、「欠点起点法」というアイデアメソッドをご紹介します。

実は、このメソッド、アイデアの教科書というものがあるとしたら、いちばん初めに出てくるものなのです。

皆さんは、日常生活の中でいろいろなものを疑っていますか。当たり前のものを当たり前のものとして、受け流してしまっていませんか。

「疑うこと」は、体力がいることですが、それこそアイデアの原点なのです。

たとえば、レストランで食事をするときに、水と氷が入ったグラスが出されます。

そのとき、目の前にあるものがなんの変哲もないグラスだとして、それに対して、何か考えたりしたことはありますか？

「これがグラスとしてベストな形だろうか」

「他にもっといいグラスはつくれないのか」

などと、考えてみることが、アイデアのはじまりだと思います。

「アイデアの前に問題意識あり」と言えるでしょう。

たとえば、水滴がついてしまって、テーブルの上に丸い輪の水跡がたくさんついていることって、ストレスかもしれない。

この発見があれば、後はどう解決するのか、アイデアを出すだけです。

たとえば、魔法瓶のようにグラスを二重にして、水滴がグラスの外につかないようにするのもひとつのアイデアですし、現にそのようなヒット商品もあります。

他にも、違ったアプローチをしたグラスがあります。

「サクラサクグラス」というものです（図19）。

図のイラストにある通り、グラスの底の部分を桜の花びらの形にして、水滴がつくこと

図19 水滴のストレスを解消するグラス

を、ストレスからエンターテインメントに変えているのです。すごく素敵なアイデアだと思いますが、どうですか？

このアイデアも、身近なところを疑い、欠点を見つけるところがスタートだったと思います。

アイデアを考える前に、まず問題を見つける。毎日の中に、アイデアのヒントが隠れているとも言えます。

「疑ってる自分より信じきってる自分のほうが、なまけてるみたいだ」

これは、とある企業の広告コピーの一節ですが、怠けず疑ってみることを大切にしたいものです。

私は、ストレスに対して寛容なタイプなので、このアプローチが苦手です。そのため、「ストレスリスト」というメモをつくるようにしています。寛容なタイプであっても、少しの違和感だったり、ネガティブな気持ちは生じます。それを「まぁいいか」と昇華させる前にメモをしておくのです。

たとえば、

・入浴時にシャワーを出してお湯が出てくるまで待っている時間
・布団に入っても足先が冷えていてなかなか寝つけないこと
・気分転換にサウナに行ったのに、大声でしゃべっている客がいてイライラしてしまったこと

など。

並べてみると愚痴っぽいのですが、このリストから、アイデアが生まれてくることがあります。自分が感じたネガティブな感情も、アイデアの種になります。日々の生活の中のストレスや違和感を大切にしてみてください。

【⑪AIと一緒にブレスト】

ChatGPTなどAIとアイデア出しをするときに使えるアイデア発想法

この本を執筆しているのは2023年で、生成AI元年などと言われています。

AIを使ったアイデア発想について、私はものすごく掘り下げているわけではないですが、アイデアを効率的に広げるという点においては、役立ちそうだと感じています。

たとえば、製品のバージョンアップなど、既存のアイデアを進化させるときに使えるメソッド、「SCAMPER法」への応用を考えてみましょう。これは、有名なものですので、ご存じの方も多いかもしれません。

SCAMPERとは、アイデア出しのチェックリストのことです。

・Substitute（置き換える）
・Combine（組み合わせる）
・Adapt（加えてみる・適応させる）
・Modify（修正・変化させる）

・Put to other uses（転用する）
・Eliminate（取り除く）
・Rearrange/Reverse（並べ替える／逆にする）

の頭文字からきています。

では、どうやって使うのでしょうか。とあるケーキ店で、少子化のため落ち込んでいるバースデーケーキの売上をどのように改善できるか、という課題について考えていきましょう。

いったん、ＡＩは使わずこの「アイデア発想法」を使って、順番に自分に質問を投げかけていきます。

［S］置き換える

Q．バースデーケーキそのものに、取って代わるもの（代替品）はあるか？
［バースデーアドベントカレンダーのように、誕生日の1ヶ月前からカウントダウンを楽しめる商品］

Q．ケーキを構成する素材を安いものに替えられるか？

［卵など価格が高騰している素材を外してつくるケーキ］
Q．パッケージなど代替できるものはないか？
［ケーキの箱がケーキを取り出したら台座になって、2段のウェディングケーキのように豪華に見える］ など

［C］組み合わせる

Q．バースデーケーキを何かと組み合わせられないか？
［バースデーミート（ステーキなど食事の中で定番となるものをつくる）、バースデーフラワー（年齢の数と合わせたバラなどの花束）］ など
Q．素材を別のケーキで使用するものと組み合わせることで効率化できないか？
［バースデーシュークリームなど、年齢と同じ数だけ購入し、みんなで分け合う］ など

［A］適応させる

Q．他の分野の事例に似たものはないか？
［パソコンを購入するときに、CPUやハードディスクなどオプション購入を促していくことでアップセルを狙うように、いちご増し、マジパンなどのキャラクターのせなどオプ

ションのメニューをつくる」
Q．過去に似た状況はないか？
［バースデーケーキがイコール、ショートケーキだったときに、ショートケーキが嫌いな人に対応するために、チョコレートケーキなどラインナップを増やした過去の事例から、「大人のバースデーケーキ」という甘さを控えたケーキや「夏のバースデーケーキとして、アイスベースのケーキをつくる」］など

［M］修正・変化させる

Q．意味合いや形などにひねりを加えることはできるか？
［ホールケーキは切り分けるのが大変、ということから縦長のケーキをつくり、切り分けがしやすい形にする］
Q．（購入の）頻度をどれだけ増やせるか？
［ハーフバースデー（誕生日のちょうど半年前）をつくり、半分のホールケーキを買う習慣をつくる］など

［P］転用する

Q．そのままで何か他に使えないか？

［「いちごは、何個入っているでしょうか」といったクイズを行い、正解したら、追加でプレゼントができるような仕掛けを提案］

Q．もし一部を変えたら、他の用途が生まれるか？

［誕生日おめでとう、といったお祝いのメッセージプレートに加えて、本人に対して「感謝の気持ちを伝えられるプレートも追加」］など

［E］取り除く

Q．取り除いたり、省略できることはあるか？

［たくさんの蠟燭《ろうそく》を立てるのをやめて、ＨＰＢといった文字を模したものなど汎用的に使える1本の蠟燭だけで済ませられるようにする］など

［R］並べ替える

Q．製造プロセスを変えることは可能か？

［誕生日ケーキは、ホールケーキという考えをやめて、あらゆるケーキのアソートボック

スのようなものをつくり、様々な味を楽しめるようにする」
Q．配置などを変えることは可能か？
［素材が均等に並んでいるホールケーキではなく、ある一部分だけが超豪華になっているケーキをつくり、誕生日の本人だけが贅沢な気持ちを味わえるケーキ」など

このような質問を自分に投げかけていって、いろいろ思い浮かべば書き留めて、思い浮かばなければ止まらずに次の質問へ進んでいきます。

私は、これだけ出すのに30分ほどかかってしまいました。

ChatGPT-4を使ってアイデア出しをする①

では、こちらをAIに考えてもらうとどうなるでしょうか。

プロンプト（質問の仕方）の工夫によって、よりよいアイデアが出せると思いますが、シンプルに次のように投げかけてみます。


「あなたは、ケーキ店の店長です。少子高齢化の影響もあってか、近頃、誕生日ケーキの

売上自体が下がっています。誕生日を起点として売上を高めていくためには、どのようなアイデアを出せばいいでしょうか。SCAMPER法に沿って、アイデアを出してください」

ChatGPT-4を使ってみると、実際に以下のような答えが返ってきました。

（以下、ChatGPT-4の回答）

SCAMPER法は、クリエイティブなアイデアを生み出すためのテクニックの一つです。以下にそのテクニックに基づいて、誕生日ケーキの売上を高めるためのアイデアを出してみます。

1．S（Substitute：代替）
・代替の材料で健康志向や特定の食事制限（ヴィーガン、グルテンフリー等）に対応したケーキを提供。
・伝統的なケーキの代わりに、アイスクリームケーキや和風ケーキを提供。

2．C（Combine：組み合わせ）
・ケーキと共にバースデーカードや花束をセットで販売。
・誕生日パーティー用の飾り付けセット（バルーン、旗など）とケーキをセットで提供。
3．A（Adapt：適応）
・高齢者向けのケーキを開発。たとえば、低糖質や、やわらかく食べやすいもの。
・季節やイベントに合わせた特別なデザインや味のケーキを提供。
4．M（Modify：改変／拡大／縮小）
・サイズの選択肢を増やし、少人数から大人数まで対応したケーキを展開。
・伝統的な丸型や四角形だけでなく、ユニークな形やデザインのケーキを提供。
5．P（Put to other uses：他の用途に使用）
・ケーキをデコレーションするワークショップを開催。お客さんが自分の誕生日ケーキをカスタマイズできる。
・誕生日以外の記念日（結婚記念日や卒業、入学など）に特化したケーキを提供。
6．E（Eliminate：削除）
・余分なパッケージングを削減して、エコフレンドリーな製品としてPR。
・簡易版のケーキを提供して、価格を抑える。

7．R（Rearrange：再編）

・オンラインでのケーキ注文を強化し、デリバリーやテイクアウト専用のラインナップを充実。
・ケーキの上のデコレーションやフルーツの配置をカスタマイズできるオプションを提供。

このようにSCAMPER法を使用することで、様々な角度から新しいアイデアや取り組みを考えることができます。ケーキ店の店長として、これらのアイデアをもとに実際の市場やターゲットに合わせて適切な戦略を練ることが求められるでしょう。

（ChatGPT-4の回答は、ここまで）

いかがでしょうか。

なかなか、いいアイデアが返ってきますよね。私が30分ほどかけて考えたアイデアと、AIが30秒ほどで出したアイデアで、共通するようなものがいくつもあります。

この中から、可能性のありそうなアイデアをピックアップして、拡散させたり、掘り下げていくと、さらに使えるアイデアになっていきそうです。

他にも、「オズボーンのチェックリスト」という有名なアイデア発想法をＡＩに投げかけてみるのも有効です。

こちらの発想法についての説明は、せっかくですので、ＡＩにお願いしてみましょう。

「オズボーンのチェックリストとは何ですか」

（以下、ChatGPT-4の回答）

オズボーンのチェックリストは、アイデアの生成やブレインストーミングの際に使われる一連の質問やテクニックのことを指します。

このチェックリストは、Alex F. Osbornが彼の著書『Applied Imagination』（１９５３）で紹介しました。彼はこのテクニックを使用して、人々が新しいアイデアや解決策を考えるのを助けることを提案しました。

以下は、オズボーンのチェックリストの一部です：

1. 代替の使い方―これまで考えられていない他の使い方は？
2. 適応―既存のアイデアをどのように適応させることができますか？
3. 修正―何かを変更することで新しいものを作り出すことはできますか？
4. 増大／増幅―何かを大きくしたり、増やしたり、強化したりすることは？
5. 縮小／減少―何かを小さくしたり、減少させたり、減弱させたりすることは？
6. 代用―他のものを代わりに使用することはできますか？
7. 配置転換―部品や要素の順番を変えることはできますか？
8. 逆転／反転―逆のアイデアやアプローチを考えることは？
9. 結合―他のアイデアや要素と組み合わせることはできますか？

このチェックリストは、アイデアの創出や問題解決の際に新しい視点やアプローチを得るためのツールとして利用されています。

（ChatGPT-4の回答は、ここまで）

ChatGPT-4を使ってアイデア出しをする②

では、こちらを先ほどのプロンプトと同じように、「あなたは、ケーキ店の店長です。少子高齢化の影響もあってか、近頃、誕生日ケーキの売上自体が下がっています。誕生日を起点として売上を高めていくためには、どのようなアイデアを出せばいいでしょうか。オズボーンのチェックリストに沿って、アイデアを出してください」と投げかけてみます。

（以下、ChatGPT-4の回答）

オズボーンのチェックリストは、アイデア発想のための手法の一つで、以下のような観点を提供します。

1. 置き換え－何かを他のもので置き換える
・トッピングやデザインをカスタマイズできるサービスを提供する。
・通常の小麦粉を代替材料（例：グルテンフリー、低糖質）で置き換え、健康志向の顧客を取り込む。

2. 組み合わせ－二つ以上のアイデアや機能を組み合わせる
・ケーキと共に、小さなプレゼントやグリーティングカードをセットで提供する。

・誕生日以外の記念日（結婚記念日、入学式、卒業式など）向けのセットを作る。

3．適用ー他の分野からのアイデアを適用する

・サブスクリプションサービスを導入し、定期的にケーキやデザートを提供する。

・カフェメニューを導入し、店内でのケーキの味見や食事を可能にする。

4．拡大・縮小ー大きくする、または小さくする

・大きなサイズのケーキでグループや家族向けに販売。

・シングルサイズやミニケーキを提供し、一人用や少人数向けに提供する。

5．別の用途ー別の用途や方法で使用する

・誕生日以外のイベントや記念日、ホリデーシーズンに特化したケーキを提供する。

・ケーキキットを販売し、自宅でのデコレーションを楽しんでもらう。

6．逆転ー逆や反対の考え方をする

・客がケーキのデザインやフレーバーを提案するコンテストを開催する。

・「ケーキ以外の誕生日」をテーマにした商品やサービスを提供する。

7．結合ー二つ以上の部分を結合する

・ケーキとドリンクやアイスクリームを一緒に提供するセットを作る。

・ケーキ作りのワークショップや体験を提供し、その場で作ったケーキを購入するオプ

ションを提供する。

これらのアイデアをベースに、ケーキ店の状況や地域の特性、ターゲット層の嗜好を考慮しながら、具体的なサービスや商品を展開してみるといいでしょう。

（ChatGPT-4の回答は、ここまで）

こちらは、いかがでしょうか。残念ながら、先ほどのSCAMPER法と同じような答えになってしまいました。ここでは、これ以上掘り下げていくことはやめますが、AIも使い方によっては、ひとりでアイデア出しをしていくときに、助けになるものだと思います。

「アイデア発想法」でネット検索をすると、様々なメソッドが出てきます。それらの中で、どのメソッドを使うことが、自分のアイデア発想の助けになっていくか試行錯誤してみてください。

また、質問の投げかけ方（プロンプトのつくり方）によっても、アウトプットは変わってくるので、こちらも探ってみてください。

ひとりでアイデア出しをしていると、思考の癖があってアイデアに偏りが生じるので、**360度思考を巡らせる助けとしてAIを活用するのは、大いにありだと思います。**

このように、現段階では、生成ＡＩも強いアイデアを出すという点では、まだ未完成です。それを踏まえると「いいアイデアを期待する」ということよりもいいアイデアを生みだすための「芽」を見つける、という意図で使用するのが良さそうです。

私は、アイデアを考えはじめるときに、拡散的に仮説を多く出します。その仮説を広げる意味では、生成ＡＩは強力なツールになってきます。強いアイデアを生み出すためのジャンプ台として使ってみることをおすすめします。

ただし、これは２０２３年での話。今後、ＡＩは急速にアイデアを生みだす領域でも発展していくでしょう。どう使っていくべきなのか、どんな関わりとしていくべきなのか、トライ&エラーしながら探りつづけていきたいと思います。

【⑫教えることによって進化する】

ベテランが進化しつづけるために実践したいこと

昔から疑問に思っていることがありました。子どもや若い世代の人たちは、スピードにこそ差はあれ、基本的にみんな成長していくけれど、ある程度ベテランになってくると、成長しつづけている人と、成長が止まっている人がいるのは、なぜか。いや、むしろ退化しているように見える人が多くいるのはなぜだろう、と。

少し古い本ですが、ウィリアム・ハウエル他著の『感性のコミュニケーション』（大修館書店）の中にそのヒントがありました。その中で「学習のプロセス」として到達する能力のレベルを以下の4段階としています。

（1）意識していないし、できない
（2）意識しているのにできない
（3）意識してできる

（4）意識しなくてもできる

意識しなくてもできることを意識レベルまで落とし込む

学習プロセスの4段階は、自動車の運転に例えてみるとわかりやすいです。技術の習熟という意味では、この4段階のように進んでいくのが普通です。

仕事においても4番目の「意識しなくてもできる」ようになったものは、精度も上がるし、ストレスなく楽にこなせるはずです。

けれども、そこから先の成長を求めるなら、5段階目を設定する必要があります。ハウエルの著作には書かれていないですが「学習のプロセス」は5段階目があると思います。それは、

（5）意識しなくてもできることを意識レベルまで落とし込む

ことです。

これは、内部化された知（暗黙知）を、いったん外部化された知（形式知化）することで、客観視することができるようになるとともに、精度も磨き上げていくことができると

いう意味です。それは、プロスポーツのトップ選手が、己のスキルを高めつづけるプロセスにも似ているのではないでしょうか。

ただ、ここで言いたいのは、それだけではありません。仕事において、意識レベルまで落とし込めば、人に教えられるようになります。それは、本人以外の人にとっても「再現可能」なものになるということです。

さらに、そのスキルを単体で成り立たせることに留まらず、他のものと組み合わせたりという「応用」も可能になっていきます。

ベテランの成長は自分自身だけではなく、教育と応用を意識することによってさらに高まっていくのではないでしょうか。

私もこの本を書きながら、自分の中で体系立っていないところが明らかになったり、未熟な部分を痛感しています。それでも、伝えようとすることで、さらなる進化につながると信じています。

コラム　アイデア筋トレ3

初回こそ期待を超えるべきの法則

広告代理店に勤めていた頃、よく後輩から相談されたのが「チームの中で自分のアイデアが正当に評価されない」ということでした。彼らは「どんなにいいアイデアだと思えたものでも選んでもらえない」と言っていました。

もちろん、本当にいいアイデアまで至っていないということもあるでしょう。しかし、いいアイデアだったとしても伝え方が未熟なせいで評価されない、という側面も大いにあると思います。

また、残念ながら、いいアイデアを選別するチームリーダーの力量不足によって正当に評価されていないことも多々あるでしょう。

私自身も、同じような悩みを若手の頃に感じていたので、そのときに実践していた方法を伝えるようにしています。

度肝を抜くほど準備をして自分の評価を変える

私が若手の頃に感じていた不満は、たとえ同じようなアイデアを出したとしても、実績をすでに上げている先輩のアイデアは大切に扱われるのに対して、私のアイデアはどうも大切に扱われていないという不満でした。

そこで立てた仮説は、どんなアイデアか、という本質的な評価に加えて、「誰が出したアイデアなのか」という要素がアイデア選定に影響を及ぼしているというものでした。

見習い中の平凡な若手、とチームリーダーから思われていると、「そんな若手からはいいアイデアなんて出てくるわけがない」という偏見があって正当に評価されないのでは、と思ったのです。

そこで私が立てた作戦は、初めて一緒に仕事をするチームリーダー（私の仕事で言うとクリエイティブ・ディレクター）とは、初回の打ち合わせこそがすべてを決めるということ。だからこそ、度肝を抜くほど準備をして自分の評価を変えるというものでした。

広告の仕事で言うと、クライアントとのオリエンテーションから仕事がスタートするように思われますが、その前に広告代理店での社内打ち合わせとして、新しいチームの顔合わせでの自己紹介や、クライアント企業や商品のこと、さらにビジネス的な課題についての情報のインプットが行われます。

私は、若手の頃に、その顔合わせ的な社内打ち合わせにおいて、120％の準備をして臨むようにしていました。たとえば、「A社の古くからある定番のチョコレートが、知名度はありながらも売上が年々減少傾向にあり、ブランドの再構築が求められている」といったお題だけ知らされていて初回の打ち合わせを迎えるとします。

その打ち合わせに向けて、考えられるだけ思考を回して、その思考のプロセスすべてを書面にして打ち合わせに持っていくのです。もちろん、最初から企画書になっている必要はありません。目的は、「こいつは、アイデアを構築していく上で、このチームにおいて大切なメンバーになり得る」とチームリーダーに思ってもらうことです。だからこそ、みんなの思考が多方面から動き出す材料を提示することと、自分が得意な領域を感じてもらえるようにすればいいのです。

初回の打ち合わせで持っていくべき資料とは

いま私が駆け出しの若手だったとしたら、次のような視点から資料をつくっていきます。

・ひとりの消費者としてその商品とどういう体験があったか、時系列で示していく
・自分以外の友達、同僚、親などにヒアリングをして、その商品に対する体験の変化や印象を洗い出す
・周辺分野も含めて市場分析をして、勝機の割り出しを行う
・競合商品の動きをトレースしながら、なぜその商品が売れなくなってしまったのか要因を分析する
・マス商品だけでなく、個人商店やSNSで評価されはじめているお店などの動きを見ながら、チョコレートを取り巻くトレンドを洗い出す
・アナロジー的思考で、知名度がありながら売上が減少してしまった商品がV字回復を遂げた例を、他分野から挙げながら復活のヒントを探る
・ソーシャルイシューといったような社会課題解決に向けて、その商品が果たせる役割はないか、他分野も含めて、そのようなアプローチで成功した例はないかを探る
・以上を踏まえて、全体の戦略仮説やコアアイデアを提示する
・以上の視点から、広告コミュニケーションで解決できることの仮説とアイデアを提示（キャッチフレーズ、セレブリティの起用、テレビCMやグラフィックのアイデ

アなど）
・以上の視点から、プロモーション施策としての仮説とアイデアを提示（タイアップ、流通対策、ＳＮＳを絡めたアイデア、インフルエンサー施策、イベント、サンプリングなど）
・以上の視点から、商品戦略としてコラボ、限定商品、商品ラインナップの組み替えなど
・以上の視点から、戦略ＰＲなど商品を購入したくなる空気づくりの仮説とアイデア

などなど、たった1行の「Ａ社の古くからある定番のチョコレートが、知名度はありながらも売上が年々減少傾向にあり、ブランドの再構築が求められている」という情報だけでも思考はかなり進められます。

これらの思考プロセスをそのままパワーポイントに落としていくと、30ページくらいにはなるので、これを初回の打ち合わせに持っていくのです。

自分が置かれている状況を変えるためのアイデアの実践

しかし、これを打ち合わせの最初から提示するのは、得策ではありません。基本的に事前インプットの場なので、最初は静かに聞いていることが大事です。そして、インプットがあらかた終わると、たいてい、軽いブレストのような場になるので、そのときに「少しだけ考えてきたことがあるので、少し話してもいいですか」と言いながら、発表をするのです。

するとどうでしょう。アイデアの持ち寄りの場ではないので、チームリーダーをはじめ周囲はかなり驚きます。そして、提示した分析や仮説やアイデアを土台にしながら、ブレストは活性化します。それと同時に、あなたへの評価は、単なる見習いのプランナーから、チームにとって重要なプランナーへと変わるはずです。

私の経験だと、チームリーダーと初対面だったのにもかかわらず、その場で「この案件の企画書は、仁藤くんが取りまとめて書くのがいいと思ったので、お願いしてもいいですか」と言われたことが何度もありました。

こういう仕事のやり方も、大きく言えば「アイデア」と呼べるものだと思います。

自分が置かれている状況があって、それを「A→A′」に変えるためのアイデアの実践だとも言えます。

アイデアとは、企画をつくるだけでなく、企画を通していくために、もしくは、企画を膨らませたり、企画を実行につなげていくためのところでも大いに活用するべきものなのです。

初回で、できる人だ、とか、面白い人だと思われると持ってきた企画に対する態度は、どんな人でも変わってきます。新人であろうが、きっと傾聴してくれるようになるので、ぜひ若手の方は実践してみてください。

》アイデアをたくさん持っていくことができなかったときの対処法

ちなみに、この「初回こそ期待を超えるべきの法則」には、副産物もあります。

それは、2回目以降の打ち合わせにおいて、アイデアをたくさん持っていくことができなくても、その理由をきちんと受け止めてもらえて、その次の回までの猶予がもらえることです。若手のプランナーは、自分で案件の数をコントロールできないところもあるので、時間が足りずに十分な資料をつくれないこともあります。

そんなときも、初回の「度肝を抜かれる量の思考のアウトプット」が周知の事実としてあるので、本当に時間がなかったんだな、と受け止めてもらえます。

そういうときは、「このあたりをもっと掘り下げて、次回は、ここのアイデアの発散をしてきます」など、自分の中で課題を設定して、次回の予告をすれば打ち合わせは乗り切れるはずです。

ただ、この猶予を使えるのは、1回か2回くらいなので、その後、何度も繰り返すと最初に培った信頼は水の泡となってしまいますので注意してください。

アイデアに関わる若手の処世術としては、「使える」ものだと思いますので、もしよかったら実践してみてください。

第4章

チームでアイデアを生みだす技術

ひとりでアイデアを出すには限界がある

この章では、個人ではなく、チームとしてアイデアを生みだすための技術についてお話しします。なぜ、チームでアイデアを生みだす必要があるのでしょうか。

それは、ひとりでアイデアを出すのには、限界があるからです。

アイデアについて次のように3つに分類してみましょう。第2章で触れた、エレベーターの待ち時間のイライラを減らすアイデアでのことを思い返してみると、それぞれに当てはまるものがあると思います。

（1）自分で考えついたアイデア

（2）自分で出せそうであったが出せなかったアイデア
（言われてみればそれもあったな、というもの）

（3）自分にはまったく想像もつかないだろうアイデア

実は、自分ひとりで出せるのは（1）だけで、（2）と（3）は他人と一緒にアイデアを考えるからこそ出せるものです。

チームで考えることのよさは、アイデアをいわゆる「持ち寄る」ことだけではありません。持ち寄ったアイデアをベースにしながら議論して、さらに「いいアイデア」に仕立てていったり、誰かのアイデアと誰かのアイデアを組み合わせて強いアイデアにすることなどにあります。まだアイデアになっていないような誰かの気づきのようなところから、ビッグアイデアの鉱脈を見つけていくようなことも、チームで行うからこそできることです。

第1章から第3章までは、主にアイデアを生みだす仕組みと、そのコツや方法についてお話ししました。頭の中でどんな思考がアイデアを生みだすブレーキになっているのか、というところから紐解いていきました。自分の思考の癖みたいなものは、自覚できたでしょうか。

アイデアを生みだすための思考の筋トレについての必要性もお伝えしました。網羅的にはまだ説明し尽くせていないですが、スポーツ競技では基礎となるような「カラダの動かし方」を習得することが大切なように、**アイデアを生みだすための「頭の動かし方」**があるということを感じてもらえたと思います。

社会人向けの研修を行っている際に「チームでアイデアを出すにはどうしたらいいのか」という質問を多く受けます。

ひとことで回答することは、難しいため「具体的にどのような点で困っているのか」を聞くようにしています。様々なケースがありますが、共通した悩みも多く見受けられます。

そこで、これ以降の章においても、教科書的に伝えていくというよりは、ビジネスの現場で困っていることをベースにお伝えできればと思います。

「正解」という呪縛をどう解き放つか

社会人向けの、とりわけマネジメント層向けの研修をしている中でよく聞かれるのが、「アイデアを部署やチームの中で出そうと思ってもうまくいかない」という悩みです。

もう少し彼らの話を聞いてみると、大きく2つに分けられるように感じます。


ひとつが「そもそもいいアイデアが出てこない」という悩み。

部署内でアイデアを出そうと言っても、凡庸なものや、どこかで聞いたことのあるようなアイデアしか出てこないという悩みです。


もうひとつが、ブレストや議論がまったく活性化しない、というものです。

傾聴していたり、できるだけ拾い上げてみたり、ひとつの発言から広げてみる努力をしているつもりではあるのだけど、メンバーからの発言自体がぽつりぽつりとしか出てこないというものです。

あなたの職場では、いかがでしょうか。どちらも「よくありそう」な悩みですね。

実は、この2つの悩みの根本は、同じところにあります。

それは、多くの人たちが「ビジネスの現場でアイデアを出すことに慣れていない」ということです。

「ビジネスの現場」では、こうあらねばならない、という固定観念がアイデア発想の邪魔になっていることが多く見受けられます。

ビジネスの現場においては「知識」、もしくは「経験」というものが重視されます。

それは、学生時代に取り組んできた勉強と共通するところがあります。試験問題には「ひとつの正解」があるのと同様に、ビジネスにおける「知識」によって正解が決まります。

だからこそ、ビジネスと試験に向けた勉強を「正解がひとつあるもの」として捉えているところがあるのでしょう。

しかし、アイデアを生みだそうと思ったときには、「正解はひとつではない」ことがほとんどだという前提に立つことが大切です。

これは「知識」だけでなく「経験」にも当てはまります。

あらゆるビジネスの現場において「過去の成功体験」に固執するがゆえに、ビジネス環境の変化に対応できずにダメになっていく例があるように、疑いもせず経験から正解を導いていくことも危険です。

そういう文化がある組織において、その組織の知識や経験に基づいて上司がアイデアを判断するのであれば、アイデアの議論は活性化しないでしょう。

アイデアを生んでいくための「環境づくり」が重要

私は、アイデアの専門家として仕事をすることも多いですが、必ずしも自分のアイデアが良質のものばかりとは思っていません。

また、100%いいアイデアばかり出せる人であったことは、ありません。

絞りに絞ったものでもよくて打率5割。平均すると2~3割といった感じでしょうか。

「千三つ（せんみつ）」という言葉が、いいアイデアの割合として使われることがありますが、それは1000個のうち3つくらいしか当たりはない、ということを指しています。

私は、さすがにそれだけの割合になるとモチベーションを保つのが難しくなってしまうため、そこまで確率の低いものだとは思っていません。

いずれにしても、頭に浮かんだもののうち1%あるかないか、その程度の確率です。ですから絞りに絞ったアイデアを提示するよりも、次々とアイデアを出したほうがチームの議論が活性化すると思い、日々アイデアを出しています。

アイデアを選ぶときにおいても、私は「正解かどうかはわからない」というスタンスで臨むし、チームのメンバーにもそう伝えるようにしています。

リーダーに求められるのは、「正解」ではなく、その状況における「最善だと思えるアイデア」を選ぶことです。そして、選んだ後は、その選択をどこまで信じ切れるかが重要なのです。

それを「正解」にするまで実行できるかどうかで、アイデアの評価は変わってくるので、次は、アイデアを広げ、実現に向けてまたアイデアを足していくというスタンスです（もちろん、その過程で「このアイデアではなかった」とアイデアを捨てて、もう一度スタートラインに戻る判断も大切です）。

高校や大学における勉強や、そのゴールとしての「試験」においては、「問題には正解があって、知識によって正解と不正解が決まって、さらに優劣を決める」という価値観が植え付けられています。これは、アイデアにとっては弊害となる価値観だと言えます。

上下関係の少ないフラットな組織であれば、比較的アイデアは出やすい環境にあるとも言えますが、上司や先輩の言っていることが正しいという前提があるような組織においては、アイデアが出にくい環境であることを意識する必要があります。

だからこそ、いいアイデアを生んでいくためには、**アイデアを生んでいくための「環境づくり」が重要**になってきます。

そもそも、アイデア出しに「いいやり方」はあるのか

では、アイデアをチームで生みだすとしたら、どれくらいの人数で考えるといいのでしょうか。また、アイデアの集め方や出し方はどんなやり方がいいのでしょうか。

まず、人数について考えていきましょう。

最少の人数としては2人から、となります。2人だったり、3人だったりという小さな人数のときは、どうチームとしての相乗効果を出していくのかを意識しましょう。

たとえば、私がメーカーの新規事業開発のプロジェクトを担当したときには、2人ずつに分けた8つのチームをつくりました。そして、それぞれのチームのバディ（メンバー）を開発のセクションなどにいるメンバーや営業などにいるメンバー、という職種や専門分野の異なる組み合わせにしました。

このプロジェクトのオリエンテーションにおいて「立場が違うことから双方が妥協してアイデアをすり合わせるのではなく、自分の立場を全面的に表に出して、議論するように

してください」と伝えました。

エンジニアとマーケッター、それぞれの立場からアイデアをぶつけ合い、磨いていくことがユニークな新規事業開発につながっていくのでは、という狙いがありました。

もちろん、これはひとつの例です。

この企業は、開発の部署の中で事業開発のプロジェクトをたくさん行ってきた経緯があり、全社的にも事業プランコンテストが行われているということがあったので、私が担当したプロジェクトは違ったアプローチをとったわけです。

というわけで、少人数においても、同じ部署、同じメンバーであっても、もちろん大丈夫です。しかし、その場合にも「どうチームとしての相乗効果を出すのか」ということは、意識したいところです。

ピザ2枚を分け合えるくらいの人数がチームとして最適

では、チームの人数の上限はどこまでと考えるのがいいのでしょうか。

アマゾンのジェフ・ベゾスが言っている「**ピザ2枚の法則**」というものがあります。ピザ2枚を分け合ってちょうどいいくらいの人数がチームとして最適であるということの考え方は、アイデアをチームで生みだすときにも参考になるものです。

アイデアをチームで出すときに、いちばん避けなければいけないのが、メンバーが慎重になって、自分の身を守るようになること。たくさんの人の前では発言に気を使うし、失敗したくないと思ってしまう。賢さを演じてしまうようなことも、会議の人数が増えるからでしょう。

そういう意味では、多くても8人。理想を言えば、5人程度の会議体で進められるのがよいと考えています。

私の経験則ですが、これ以上になると会話自体も堅苦しくなるし、会議体の中で自分の役割を見出そうと、それぞれが勝手に動き、アイデアを出すということへのコミットメントも薄れてしまいます。

ブレストでいいアイデアが出ないときの対処法

次に、ブレストや議論が活性化しない、いいアイデアが出ない、という悩みについて考えていきましょう。この場合、問題点は、どこにあるのでしょうか。

ひとつは、先ほど触れたように「正解を求めすぎる」というところにあるかもしれませんが、他にもチームの組み方やブレストの進め方に問題がありそうです。

ここでは、ブレインストーミングのそもそもの定義や説明は省きますが、多くの場合に、まずチームの組み方に問題があるケースが多いように感じます。

「部署内で来期の売上を上げるためのブレストをする」
「チーム内で新規事業のアイデアについて話し合う」
「うちの課の来年の方針についてアイデアを出し合う」

こういったブレストが、なかなかうまくいかない、とよく相談されます。

先ほどお話しした通り、15人ほどの部署みんなで話し合いをしても、活発な議論は到底期待できません。せめて3チームくらいに分けてブレストをして、その後で、各チームごとにアイデアのシェアをするのがおすすめです。

そのときに大切なのが、チーム分けもアイデアを持って行うことです。なんとなく、ランダムに決めるなどはいけません。なぜなら、「うまくいった」「いかなかった」は時の運になってしまい再現性がないためです。きっとその集団ごとに、いいアイデアが出てきやすくなるチーム分けがあるはずです。

では、チーム分けには、どんな仮説を持って臨めばいいでしょうか。

(1)いかにみんなが心理的安全性を保てるか

まずは、心理的安全性が確保されていることが大事です。

たとえば、部署の上長を呼ぶことがマイナスに働くケースも多くあります。会議の主導権を持っていかれてしまったり、持っていかれないまでも上長に評価されそうだと考えるアイデアのみ発言するとか、メンバーが萎縮したり、遠慮したりしてしまいます。

また、男性ばかりのチームに女性がひとりだけとか、年齢層の高いチームに若手ひとりだけというのも、違った視点が入ったり、少しだけ緊張感が生まれ、うまく働くケースもあれば、萎縮するケースもあるでしょう。もちろん人や組織の雰囲気にもよりますが、いずれにしても、誰かの心理的安全性が保てない、というのはよくないわけです。

「みんなの心理的安全性」が確保されているか、ということを検証するためにも、このメンバー分けなら心理的安全性は確保される、という仮説を持ってチーム分けをしましょう。

（2）特性ごとにチームに分けるか、多様性のあるチームに分けるか

チーム分けはくじ引きのような偶然性に任せるのではなく、できればリーダーが恣意的に分けることをおすすめします。チームの分け方に仮説を持って、どんなチーム分けが機能するのか試していくのがいいと思います。

「特性ごとに分ける」というのは、若手チームとシニアチームに分けるとか、内勤チームと営業チームに分けるなどです。この考え方のいいところは、「そうそう、それあるよね」

とか、共感型で意見がどんどん出てくることです。アイデアをそれぞれのチームで発展させていくことにも向いています。

「多様性のあるチーム」というのは、先ほどの特性で言ったような年齢や職種などで分けるのではなく、できるだけいろいろな属性を持った人たちが交じるようにチームを組むようにすることです。

多様性のあるチーム分けの場合、共感が少なくアイデア出しが不活性化することがあります。そういうときは、できるだけ自分の立場からだとこう見える、といったような意見を遠慮せずに出すようにしましょうなど、リーダーがセットアップしてあげると、議論も活発化していきます。

他にも、視点はあるように思います。チームでアイデアが出やすいようにするために、仮説を持っていろいろと試してみてください。

持ち寄りでアイデアが出ないのはリーダーの責任

いきなりブレインストーミングを行うこともいいですが、個々のメンバーがアイデア出しをしやすくするためには、準備運動や適切な助走が必要です。

その時間と機会を確保する上でも、各自がアイデアについて考えられるように「宿題」を出して、あらかじめ考えてきてもらえるとよいでしょう。

宿題でアイデアの持ち寄りができれば、アイデアの数は自然と集まってきます。

たとえば、5人のチームでアイデア出しをしてひとり10案ずつアイデアを持ち寄ることができれば、次の会議のときには、50案のアイデアからスタートすることができます。この「宿題」としてアイデアの持ち寄りをメンバーに依頼するときにも、工夫が必要です。

「宿題の出し方」がアイデアの数も質も変える

私の経験をお話ししましょう。

広告代理店のクリエイティブの部署にいたとき、私はそもそもアイデアを出すことが苦手だったという話をしました。そこから、経験を重ねてアイデアを自分で出せるようになってくると、いつしかチームのリーダーになりました。

とはいえ、自分でアイデアを出すのが精一杯の中で、後輩たちに対してどんな依頼をすればいいのかわかりません。

クライアントからオリエンテーションを受けて、私はスタッフにこう伝えました。

「じゃあ、それぞれ自由に考えて、2日後にアイデアの持ち寄りをしようか」

すると、どうでしょう。

結果は、大きく2つに分かれました。

経験のあるスタッフたちは、「こんな視点から考えてみました」とか「このあたりが大きな課題だと考えて」など、いろいろな仮説を基にしたアイデアを次々と話してくれます。

一方で、新人に近いような若手たちは、なかなかアイデアを披露しようとしません。こちらから促してみると「考えてはみたのですが……」と言いながら与件の整理や、事例を調べてみましたということだけで、アイデアが1案もないというメンバーがいるのです。もちろん、中には無邪気にたくさんのアイデアを持ってくる若手もいましたが、多くの新人はアイデアを持ってくることができませんでした。

かつての自分を見ているようでした。

私は、リーダーになって、またこの問題に直面したのです。

私は、「宿題の出し方」によって、このアイデアゼロ問題を変えることができるのか、試行錯誤をしてきました。いくつか、効果のある「出し方」があったのでご紹介させていただきます。

1．持ってくるアイデアの数を決める

あるとき「じゃあ、明日までにAという商品を若者が買いたくなるようなプロモーショ

ンのアイデアをひとり10個ずつ持ってきましょう」と伝えました。

するとどうでしょう？

チーム全員が10個以上のアイデアを持ってくることができました。なかなかアイデアの数を増やすことができなかった若者も含めてです。

これは、広告代理店のような企画を考えることが仕事の会社だけでなく、普段、企画と縁遠いような仕事をしている会社やグループに対しても有効でした。このような明確で、かつまとまった数の企画を考えてきてもらうことをオーダーすると、みんな持ってくることができるようになりました。

大事なのは「いったん正解探しは置いておく」こと

どうして、このような効果が生まれたのでしょうか。

それはチームメンバーが「いったん正解探しは置いておく」ことができたからです。

もちろん、それまでも「正しいアイデアを持ってきてください」などと、チームに伝えたことはありませんでした。

「アイデアをたくさん出したほうがいい」「みんなでたくさんアイデアを出してみて、そこからひとつ選ぼう」などというアドバイスをしていたのです。

それでも、アイデアを出す段階で「正解」を探してしまうスタッフたちの「アイデアのブレーキ」を外すことはできていなかったのです。

しかし、10個と明確に数を示すことで、やっと「正解を探す」ことの呪縛から解き放つことができました。

チームリーダーにできることは、持ってくるアイデアは正解でなくていいことをチーム全体の共通理解にすることです。くだらないアイデアだって、誰かを刺激してそこからビッグアイデアに化けるかもしれない、ということを繰り返し伝えていきましょう。そして、伝えるだけで動かないときには、この「持ち寄るアイデアの数を決める」など仕組みを変えてみましょう。

2. 考えてくるテーマの範囲を絞り込んだ上で多くのアイデアを募る

考えるべきテーマと、どこまで考えるべきかがはっきりしていないと、アイデアのレベルもまちまちになってしまいます。

たとえば、過疎の村で定住人口を増やしていくためのアイデアを考えるとしましょう。

この場合も、いきなりこのお題そのものを出すよりも、考えるテーマそのものを絞ってあげるとアイデアが出やすくなります。

いきなり定住人口を増やすアイデアを考えるよりは、「お試しで住んでもらうためのアイデアについて考えてみよう」と言ったほうが考えやすいように思います。

さらにできるのであれば、いくつかの例示もしましょう。

たとえば、第2章で触れたような「地域の抱える課題を年間の研究テーマとして課しつつ、総合的な学習の効果もあるような山村留学」や「都市部の企業と提携をしながら、出向のような形での人事交流の仕組み」などの例示をします。

このように例示をすることは、どのくらいのレベルでアイデアを掘り下げて持っていけばいいのかの基準となります。

この基準を深く設定しすぎてしまうと、またアイデアの持ち寄りが不活性化してしまうので、レベル感をどの程度にするかが重要になってきます。

次の3つについては、チームリーダーがあらかじめ設定するか、もしくは、どれを明確にしたいのか、はっきりと示すことが大事だと思います。

①ターゲット（誰に提供するアイデアなのか）
②アプローチ（どんなアイデアなら実現性があるかなど、ゴール像にたどり着くまでの方法やアイデアのレベル感）
③ゴール像（このプロジェクトが成功したら、ターゲットがどうなっていくか）

お題が出されてから漠然と「それぞれ自由に考えてみよう」というオーダーをすることは、多くの場合うまくはいきません。リーダーとして、試行錯誤してみてください。

ラテラルシンキングという「場」の設定をする

アイデアを出すときに、これはどのような目的に向けた会議なのか、「場」の設定をするとよいでしょう。そのときに、ロジカルシンキングではなく、ラテラルシンキングを行う場であるということをチームリーダーは意識して会議を進めてください。

ロジカルシンキングは垂直思考とも呼ばれます。垂直の意味は、筋道を立てて考えていくことであるため、論理的に正しいひとつの結論に至ります。

一方で、ラテラルシンキングは水平思考と呼ばれます。

既成概念にとらわれないで思考することを目指すもので、多角的な視点と自由な発想で問題解決を図るアプローチなので、結論はひとつとは限りません。

イメージとして、ラテラルシンキングは、アイデアの基となる「仮説」を既成概念にとらわれないで自由に出すというイメージです。だからこそ、最初は、たくさん出すことが大事になってきます。そのときに大事なのは、「早急に収束の議論をしない」ということと「広げていくこと（拡散）と絞り込むこと（収束）を同時には行わせない」、ということに気をつけることです。チームでアイデア出しがうまくいかないというケースの大半が、この2つのどちらかに問題があります。

いまはアイデア拡散の場なのか、収束の場なのかをはっきりさせる

たとえば、ブレインストーミングは、そもそもアイデアの拡散を行う手法なのに、途中で収束する発言が入ってしまうことがよくあります。そして、これはわりと上司やマネジャーの方によく見られます。これは、かなりよくないことです。

チームメンバーは「その方向が正解なんだ」と察して、他の方向のアイデアは考えることができなくなってしまいます。

アイデアの打ち合わせにおいては、いまが「アイデアを広げている（拡散）」のか「絞り込んでいる（収束）」のか、はっきりとさせた上で、宿題を出したり、もしくは会議体を仕切るべきなのです。

大事なのは、きちんと拡散に集中できる時間をつくることです。そのためには、チーム全体で「アイデアを広げている（拡散）段階」だとまず共通認識を持つこと。そのためには、1ミリでも可能性がありそうなものも価値があるのだと、伝えることです。

停滞したアイデア出しの現場を変える方法

アイデアを出してみましょうとか、ブレインストーミングをしようと思っても、停滞してしまうことは多々あります。そのときに、どのように対処するのがいいのでしょうか？

≫①チームをさらに小分けにする

会議の人数をさらに分割しましょう。８人だったり６人だったりするときも、いったん半分に割ってみて時間を区切って少人数のグループで話し合ってもらいます。それぞれのチームで話したことをシェアしてもらうのも、とてもよい方法です。

≫②議論の過程を可視化する

付箋を使う、もしくは、オンラインボード（Miroなど）を使ってみることで、発想が活性化することがあります。議論の過程を可視化することによって、課題設定まではよかった、もしくは、この発想軸は可能性がありそうだ、など「どこに立ち戻って、みんなでアイデアを考えるべきか」といったフォーカスするポイントが見つけやすくなります。

③アナロジーの問いかけを行う

狭い領域で考えすぎていてアイデア発想が停滞することがあります。そのときには、第3章で紹介したアナロジーでの問いかけをしてみるのもひとつの手です。

アナロジーとは、「論理学で、物事の間の特定の点での類似性から、他の点での類似性を推論すること」と言われますが、平たく言えば「**別の領域の事象やアイデアから、要素を借りてくること**」です。

第3章では、「全社イベントがあるのだけど参加者のモチベーションづくりに困っている」という状況があったときに「地域のお祭り」への参加の構造をヒントにしました。

リーダーは、停滞した状況で、「こんなことをヒントに考えてみるとどうだろう」とアナロジーの問いかけを投げ込めるように用意しておきたいところです。

どういうところからアナロジーを持ってくるべきか、ということですが、身の回りにある事象についても、その背景や成り立ちを調べておく癖をつけておくとアナロジーのストックとして持っておけるように思います。

たとえば、日本三大〇〇、といったものがあります。

こちらを調べてみると、面白い気づきがあります。

日本三景というと「松島・天橋立・宮島」と言われます。これは、儒学者、林春斎が『日本国事跡考』の中で記述しているものなので、この3つに異論はありません。

しかし、誰が定めたのかはっきりとしない、日本三大〇〇、というものも多くあります。

これらを見てみると、3つがきちんと定まっていないことが多くあります。

たとえば、日本三大和牛。こちらは、「松阪牛・神戸牛・米沢牛」と言っているものだけではなく、「松阪牛・神戸牛・近江牛」と言われていたりします。

他にも、日本三大うどん。こちらは「讃岐うどん・稲庭うどん」というところまでは、ほぼ相違ないのですが、3つ目は「水沢うどん」「五島うどん」「氷見うどん」「きしめん」など、様々な説が散見されます。

この「三大〇〇」を声高に言っているのは、3番目に食い込みたいと企んでいる人たちなのです。

こちらをアナロジー的に応用すると、業界の4番手、5番手の奥の手として、もしくは、カテゴリーとして、「令和の三種の神器」などと言い切ってしまう作戦が考えられます。

④最低のアイデアを出して結論づけようとする

これは、「想定し得る中での最低の提案」をすることにより、「その最低の提案が可決されるのを阻止」しようとする、ことです。

あるいは、誰かが最初に最低のアイデアを口にした結果、2人目以降の発言のハードルが下がり「もしかしたらこんなことを言ったらばかばかしいと思われるかも」といった心配が薄れ、皆の間で議論が活発化する、ということがあります。

かつては「マクドナルド理論」と呼ばれていたこともあるようです。

お昼時に食事に出る場合を想像してみてください。

「ランチ、どこにする？」とみんなに問いかけますが、誰もなかなか意見を言わないみたいなことがありませんか。そうこうしているうちに、短いランチタイムを無駄に消費してしまいます。

マクドナルド理論とは、そういうときに「マクドナルドに行こう!」と提案してみるとどうでしょう、といったものでした(あくまで、数十年前のアメリカでの話ということで、いまでは消極的ではなく積極的に選ぶ選択肢としてマクドナルドはあると思います)。するると、「いや、マクドナルドはないでしょ」というようにみんなは否定しますが、不思議なことにそれ以後は議論が活発化していき、次々と提案がされるようになっていきます。

「イタリアンの○○は、どうだろう?」
「昨日はお肉だったから、魚とかがいいかもね」
「それだったら、このお店はどう?」

といったように、ブレストのときに必要なのは「いいアイデア」ばかりではありません。そうではなく、「これはないよね」といったアイデアにもアイデア発想を活性化させる役割があるのだということを覚えておいてください。

くだらないアイデアを出すのは勇気がいりますが、リーダーが率先して出して、こういうアイデアでいいじゃない、というようにあえて結論づけようとしてみてください。すると、黙っていたメンバーの意見が出てくるようになるかもしれません。

出てきたアイデアをどう発展させていくのか

いいアイデアというものは、さらなるいいアイデアを連れてくるものです。

皆さんも思い当たる節があるのではないでしょうか。

誰かひとりのアイデアによって、それまで硬直していた議論が急に活性化していく。このような考えを足してみたらどうだろうか、こんな考え方もできそうだ、とそのアイデアを起点にさらに発展させたアイデアへと広がっていく、といったことです。

では、実際にどのようにしたら発展の起点となるようなアイデアをつくることができるでしょうか。

次の図20や図21のような捉え方をしながら、この「みんなのアイデア」の起点となるようなアイデアを目指しましょう、とチームに話してもいいですが、アイデア出しとして、そこを狙うのは難しそうです。

それよりもチームのリーダーが、このような「発展していくアイデア」を見落とさないようにする、ということのほうが有効であるように思います。

図20 いいアイデアは、いいアイデアを連れてくる

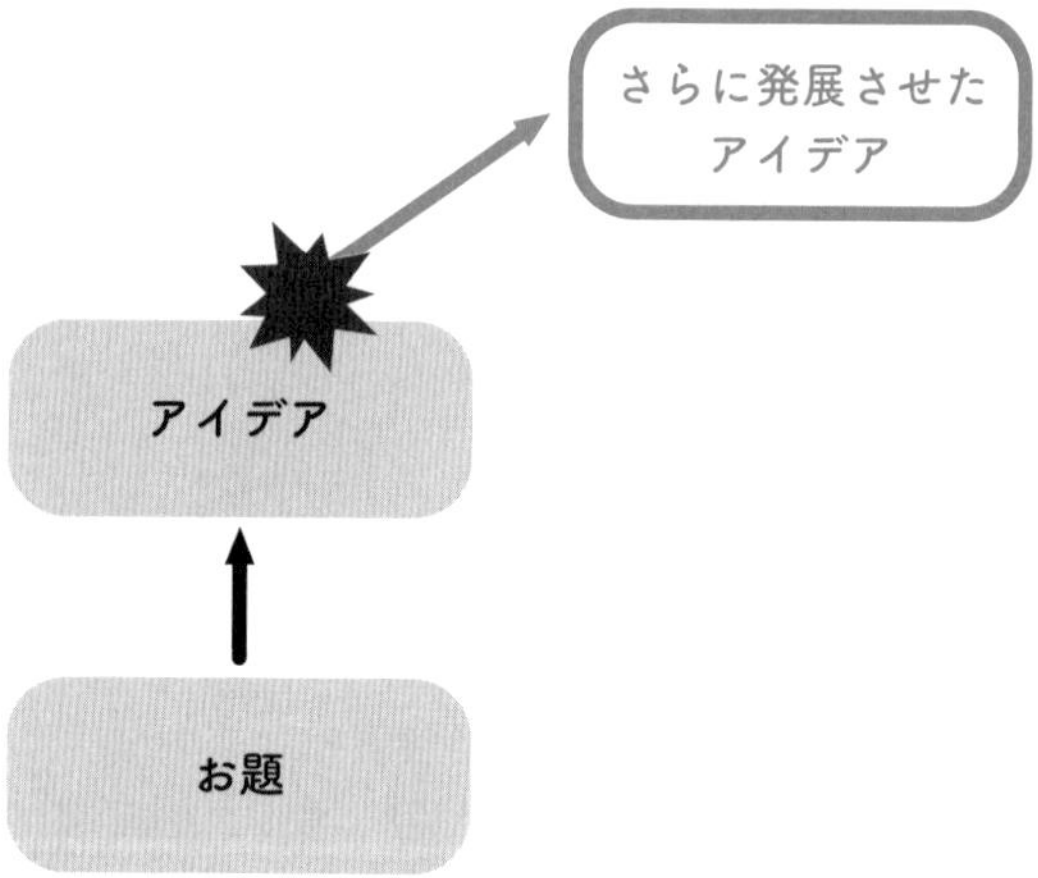

第1章で触れたアメリカのビジネススクールの話では、アイデアの芽を出した人をいちばんに評価するというものでした。

その授業を想像してみると、生徒がその芽を発見するのは稀で、教授が芽を見つけて上手にファシリテーションしている様子が浮かんできます。

「ちょっと待って、いまケイトが発言したアイデアを○○という視点で捉えてみると、発展させられるんじゃないか」

この教授のように、発展していく「いいアイデア」を見落とさず、チームのアイデアをよりよいものにしていきたいものです。

アイデア出しの現場を想定してみましょう。

図21「発展していくアイデア」を見落とさない

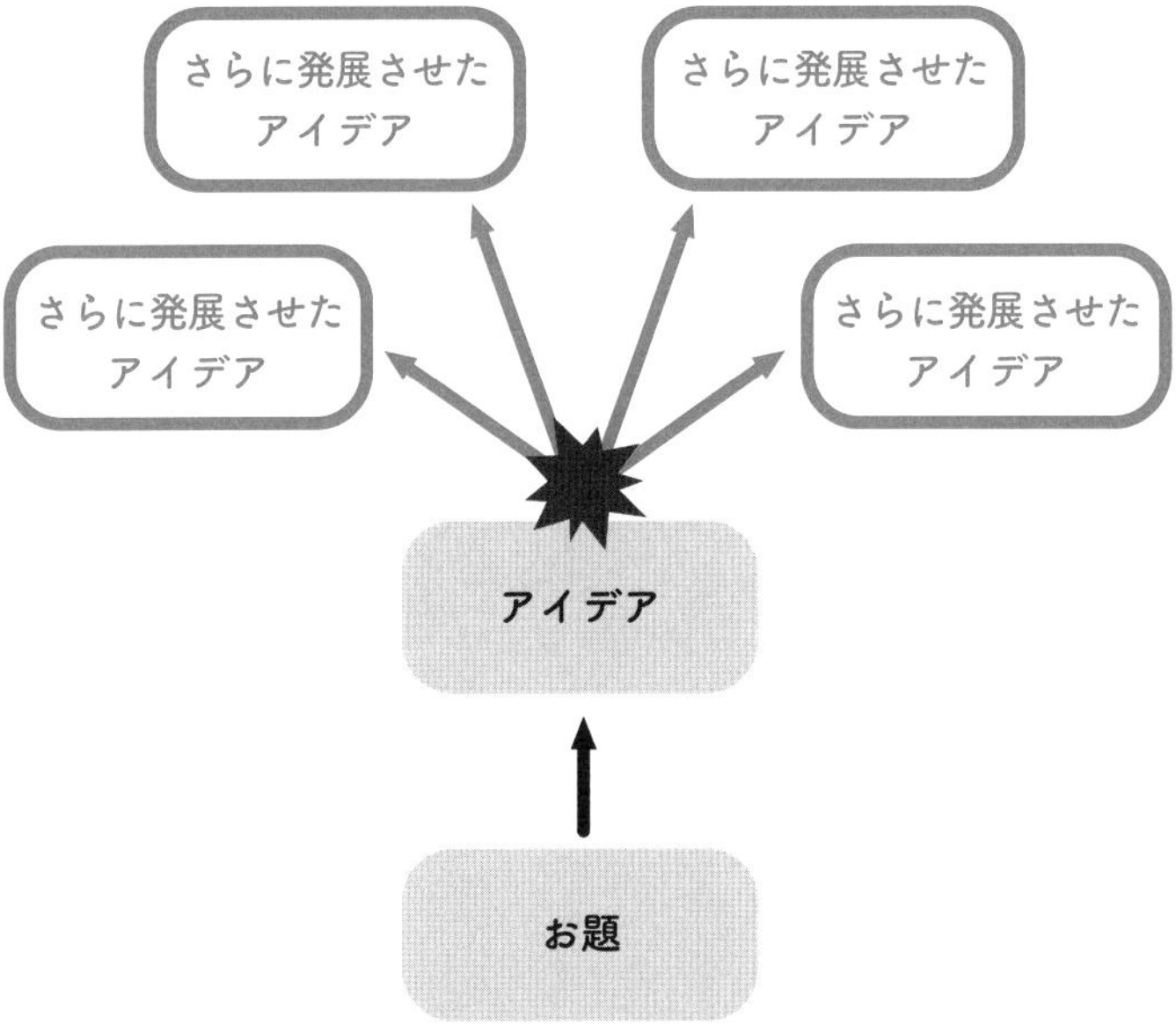

たとえば、ガムの新商品のアイデアを考えているとします。

すると、スタッフから「噛むことで脳が刺激されるから『勉強用ガム』を開発する」というアイデアが出たとします。

このときに、「まああるよね」とアイデアを棄却しないで、さらに発展させるためにこのアイデアをどこに置くかが、リーダーの手腕と言えるでしょう。

集中力を高める勉強用のガムというのは、すでに存

図22 さらに発展させるために このアイデアをどこに置くか

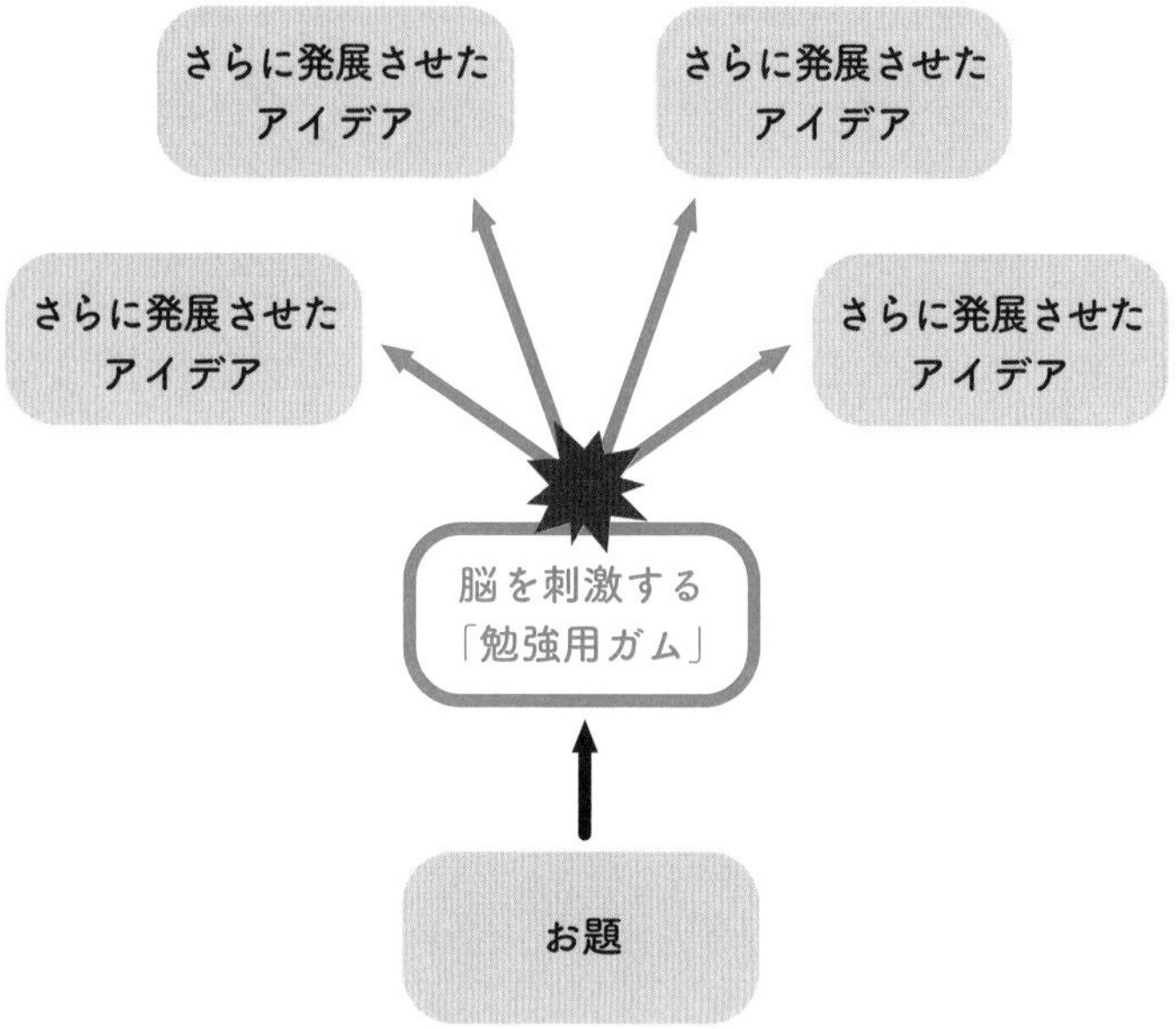

在しているため、そのままでは使うことができないアイデアです。

しかし、このアイデアを軸にして発展させよう、とディレクションすることもできます（図22）。

すると図23のように、「受験生用ガム」としてターゲットをより特化する方向に発展させることができます。

また、暗記ものなど頭に「記憶を定着させる」ためのガムとして位置づけるというアイデアも出てきま

図23 アイデアの軸を決める

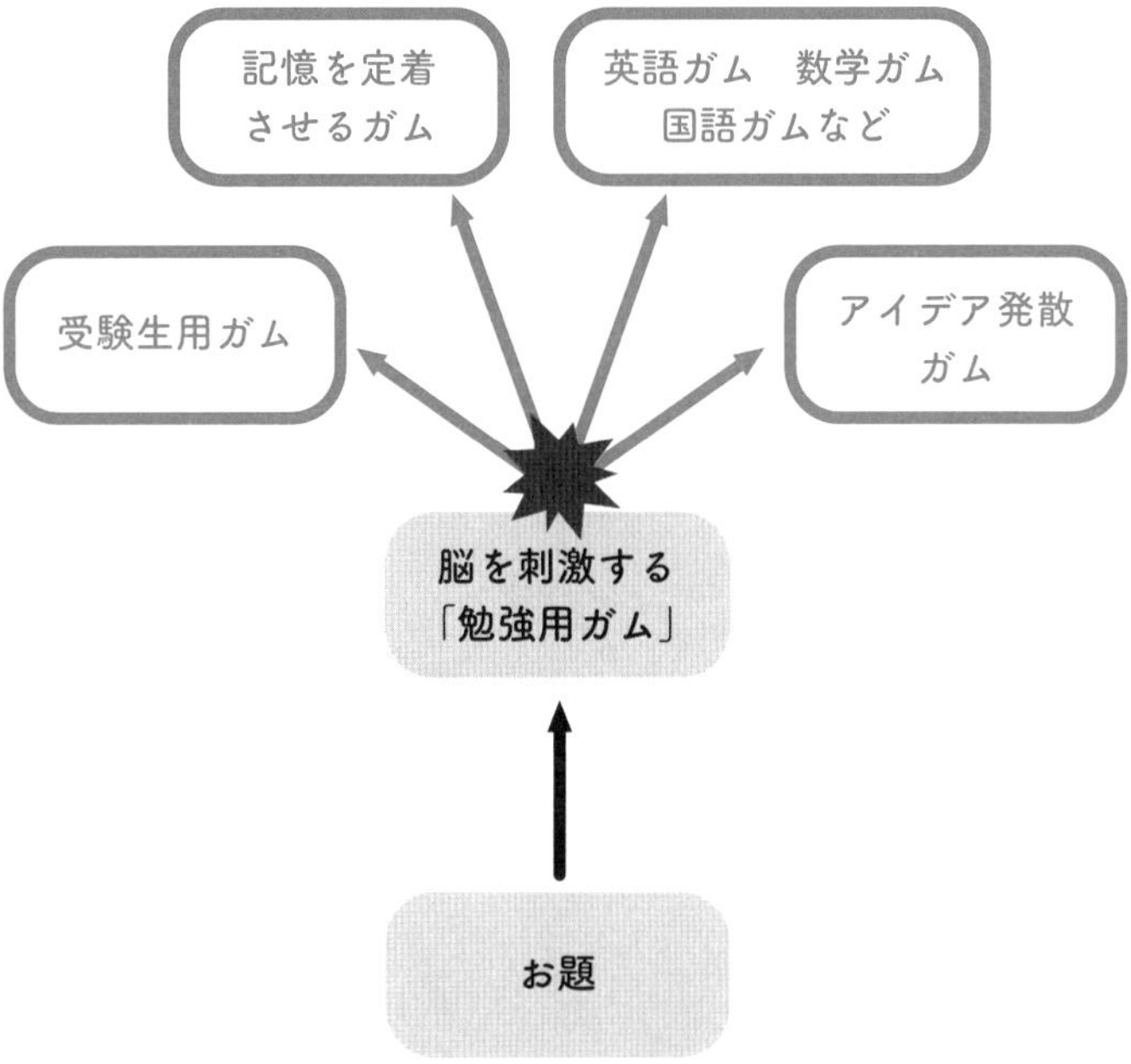

す。

さらに、「英語・数学・国語」など主要科目ごとに違うフレーバーの勉強用ガムをつくるというアイデアにも発展します。

それから、社会人向けにアイデアを考えるときのガムとして開発することも考えられるでしょう。

このように「勉強用ガム」から様々に発展させたアイデアを考えることができることが、おわかりいただけるでしょう。

さらに、リーダーとして

図24「さらに発展させたアイデア」の軸はないか

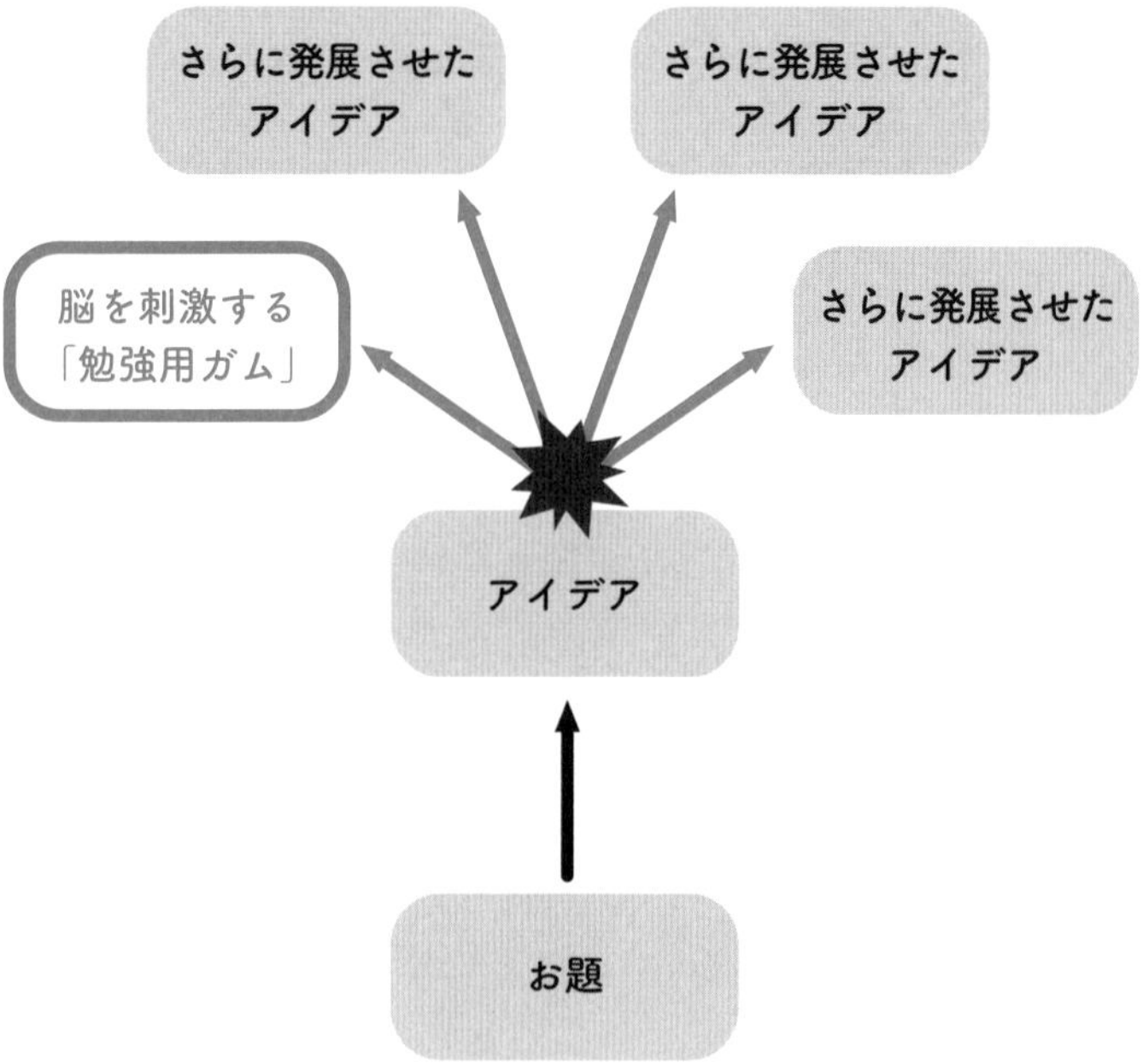

は別の方針をチームに出すこともできます。

図24のように、この「勉強用ガム」というアイデアを、何かのアイデアから「さらに発展させたアイデア」と位置づけるのはどうでしょう。

そして、この「さらに発展させたアイデア」の基になったアイデアをリーダー自身が定義づけるのです。たとえば、「これまでにない用途のガム」と置いて、ここから発展させたアイデアを募ってみるのはどうで

図25「さらに発展させたアイデア」を基に新しいアイデアを募る

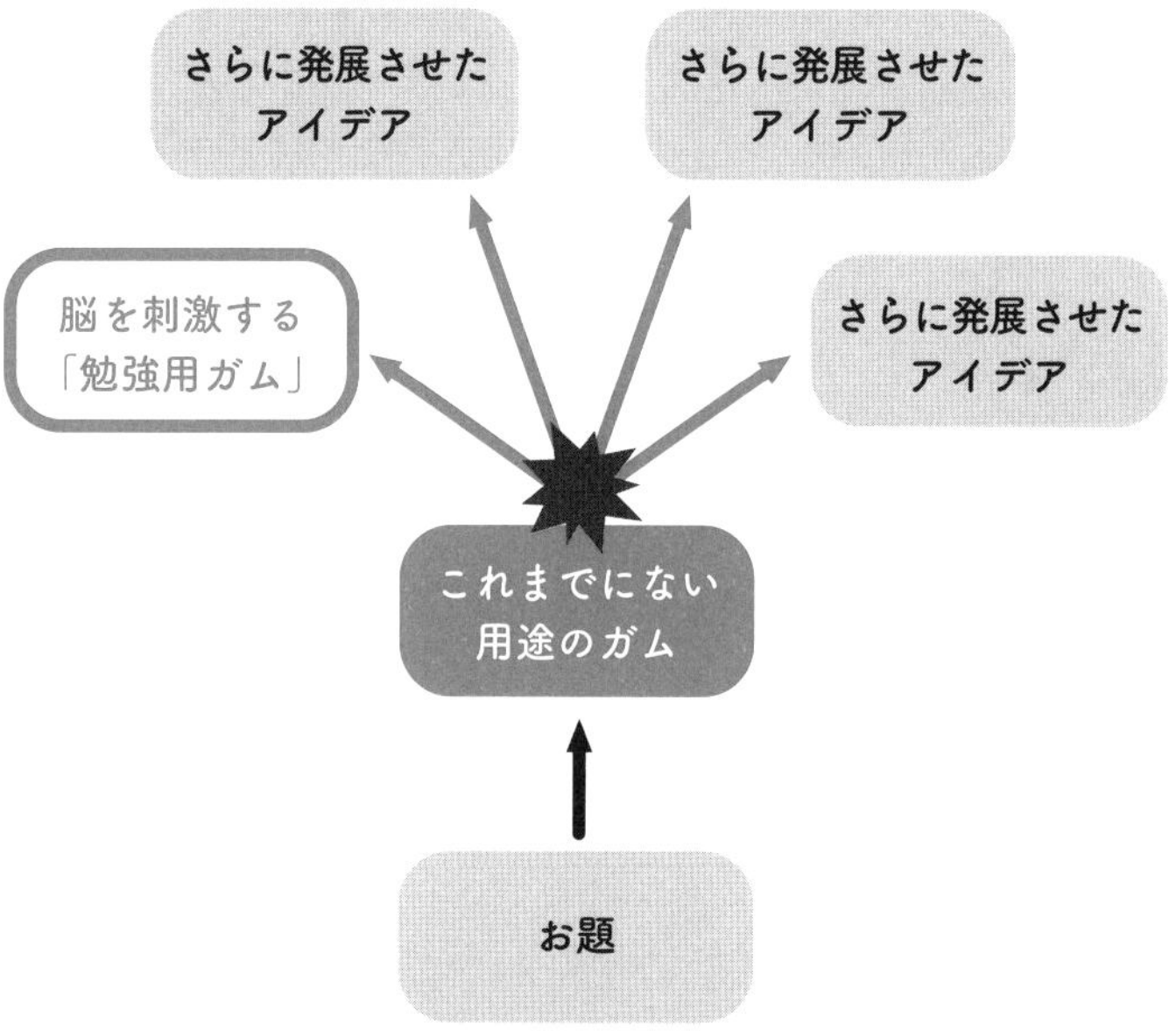

しょうか（図25）。

　すると、ウエイトトレーニングなどジムで運動する人が増えていることを受けて歯を食いしばるときに作用する「ジムトレーニング用ガム」とか、頭のスイッチをオンにするような「通勤用ガム」とか、オンラインゲームの流行を背景にした「eスポーツ用ガム」など、様々なアイデアが出てきそうです（図26）。

　このように、チームメンバーから出てきたアイデアをどのように発展させてい

図26 アイデアをどのように発展させていくかは、リーダーの判断による

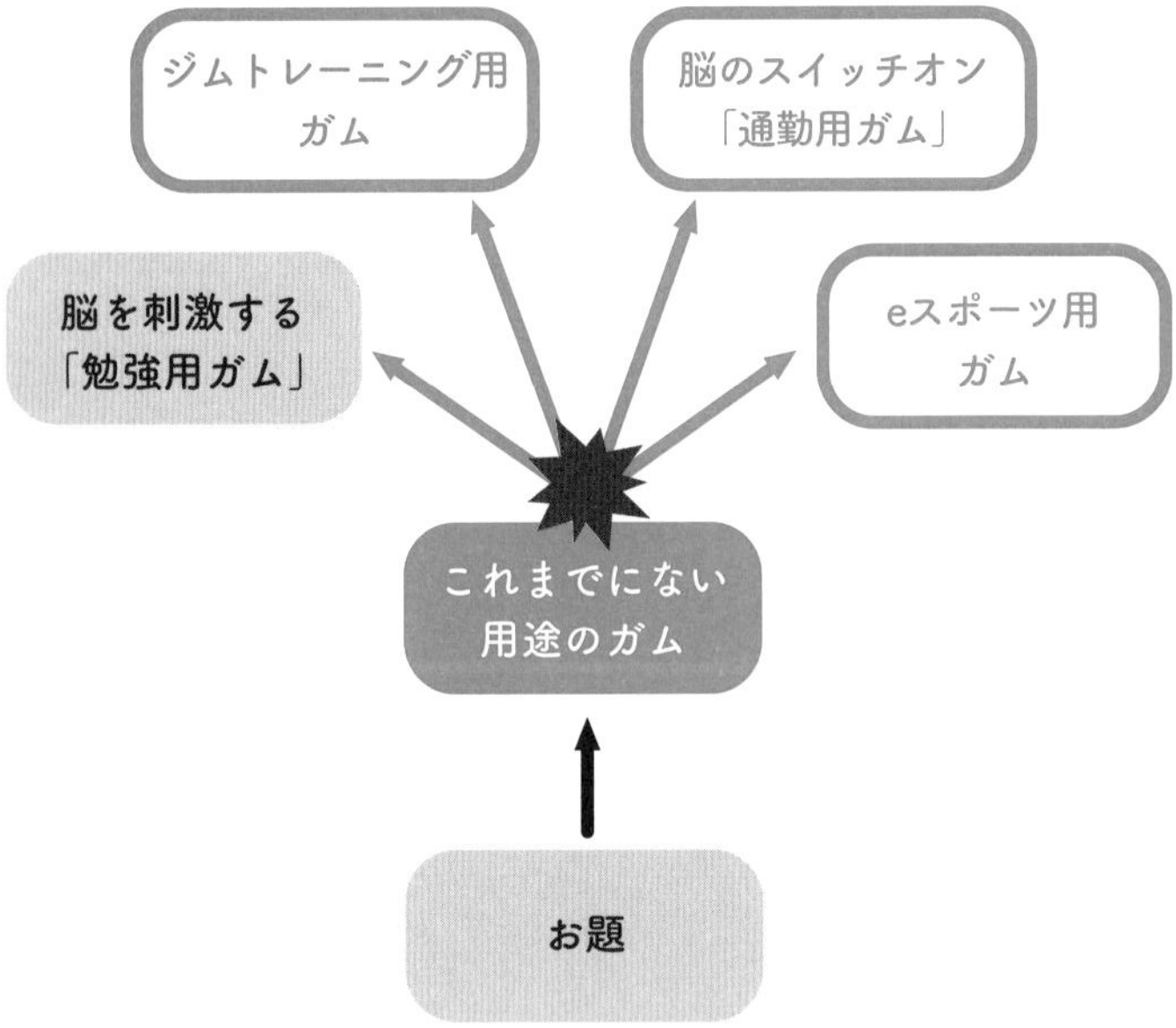

くかは、リーダーの判断によって変わってきます。

リーダーは、常に課題と出てきたアイデアを照らし合わせながら、どのようにアイデアを発展させていくかを見極め、みんなでアイデアを広げていけるようにチームに方針を伝えていく必要があります。

アイデアが「正直微妙」だと思ったときに何を見ていくか

この「アイデアを発展させていく」ということをもう少し掘り下げていきましょう。

チームメンバーから出てきたアイデアが、方向づけすることなく自然と膨らんでいくようなときはいいですが、残念ながら、ほとんどの場合は「正直微妙」だと感じることが多いでしょう。

そんなときに、リーダーとして何をすべきでしょうか？

チームメンバーのモチベーション維持のために、むやみに面白がったり、褒めることでしょうか。

もちろん、その意識は必要ですが、「むやみに褒める」だけでは、効果は限定的でしょう。

私はチームメンバーからのアイデアに対して、先ほどの例のように「アイデアの基」になるものなのか、それとも、それは何かの「発展形のもの」として見るのかを見極めることが大事だと思っています。

先ほどの図を少し整理してみると、次のような2段階で見ることができます（図27）。

図27 アイデアと発想軸

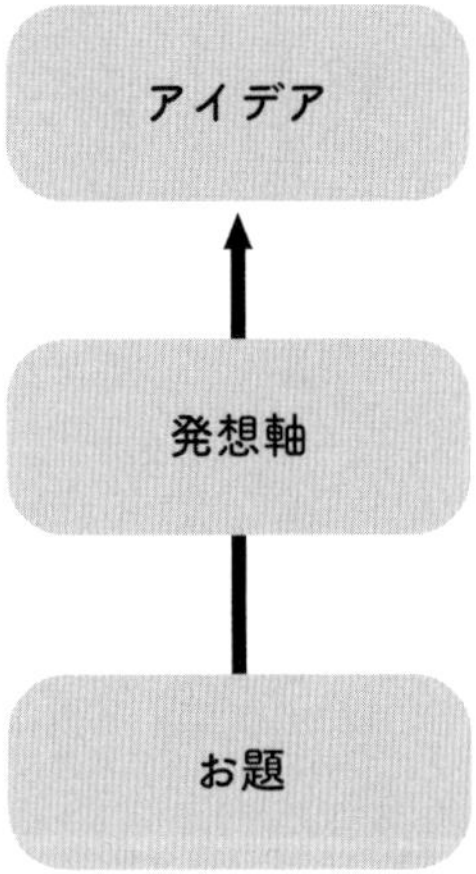

ひとつはアイデアそのもの。そして、もうひとつが、「発想軸」です。

それは、第2章で話した「課題設定」でもあると言えます。

いい課題設定ができれば、アイデアは自然と生まれてくるとお話ししたように、お題からそのまま問題解決を考えるよりも、課題をどのように定義できるかが大事になってきます。

この課題設定を、アイデア発想のある方向の軸となるということで「発想軸」と呼びます。

図28 発想軸次第でアイデアは変わる

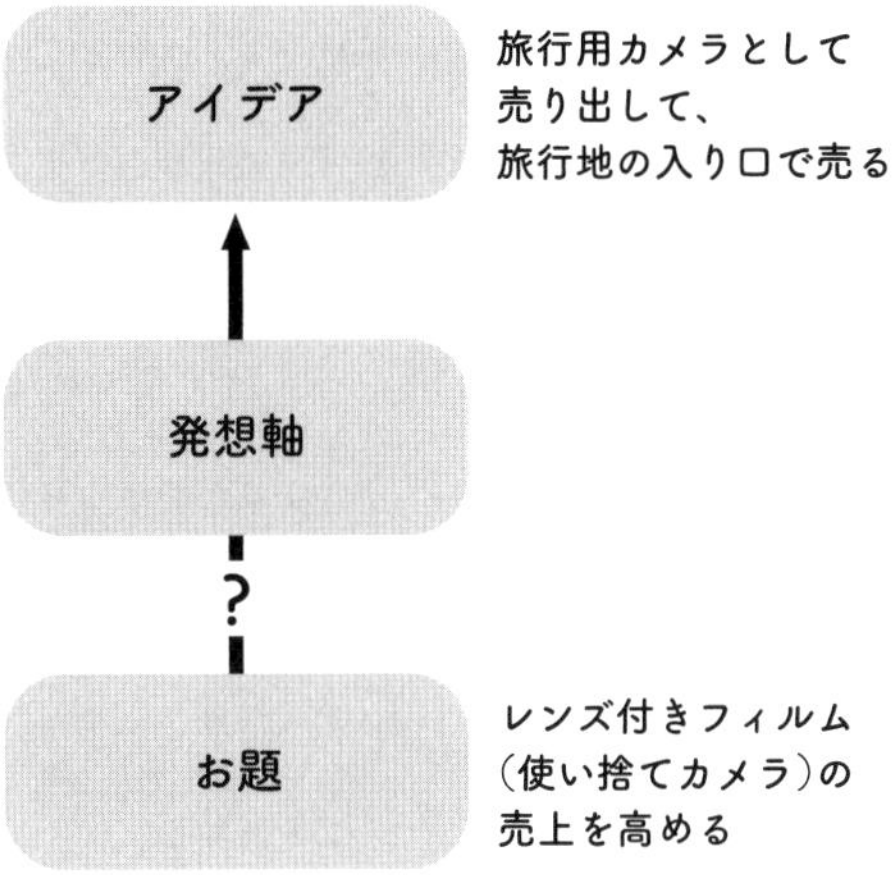

発想軸次第でアイデアは別の方向にも発展する

たとえば、「レンズ付きフィルム（使い捨てカメラ）の売上を高める」というお題で考えてみましょう。チームのあるメンバーから「旅行用カメラとして売り出して、旅行地の入り口で売る」というアイデアが持ち寄られました。旅行地の入り口というのは、たとえば、箱根でいえば箱根湯本駅など、観光の起点となるような場所を指しているようです（図28）。

悪くないようなアイデアではありますが、ちょっと広げていくのが難しそうです。

そこで、どんな着眼点から生まれたアイ

図29 「限られた枚数」という発想軸でのアイデア①

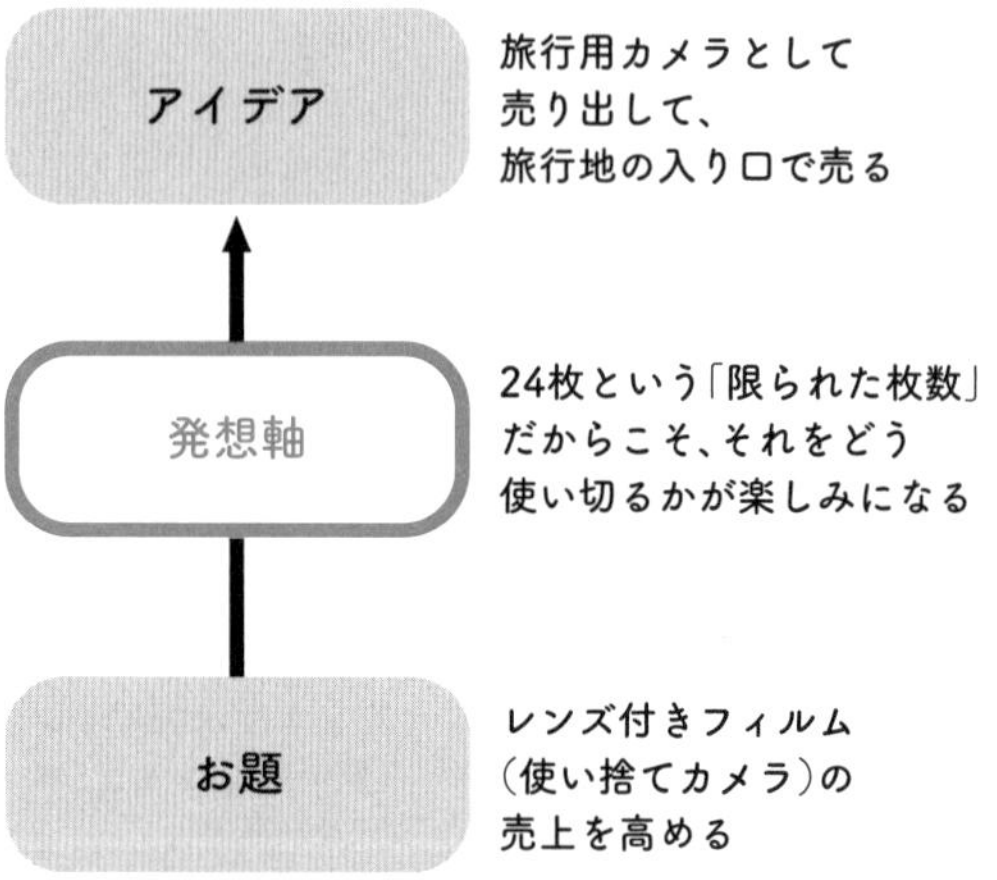

アイデア
旅行用カメラとして
売り出して、
旅行地の入り口で売る
発想軸
24枚という「限られた枚数」
だからこそ、それをどう
使い切るかが楽しみになる
お題
レンズ付きフィルム
（使い捨てカメラ）の
売上を高める

デアなのかヒアリングしていきます。

すると、「スマホやデジカメと違って、フィルムには枚数の制限がある」。そこにこそ面白さがあるのでは、と思ったというのです。24枚などの限られた枚数で旅のアルバムをつくろうと思ったら計算も必要。それもひとつの旅の楽しみになるというのです。

この考えを、発想軸に置いてみると、アイデアは別の方向にも発展させていけそうです（図29）。

24枚という「限られた枚数」と「それを使い切らなければいけない」という発想軸に戻ってみると、そこからアイデアは広がっていきそうです。

たとえば、子どもの写真は幼少期と比較

図30「限られた枚数」という発想軸でのアイデア②

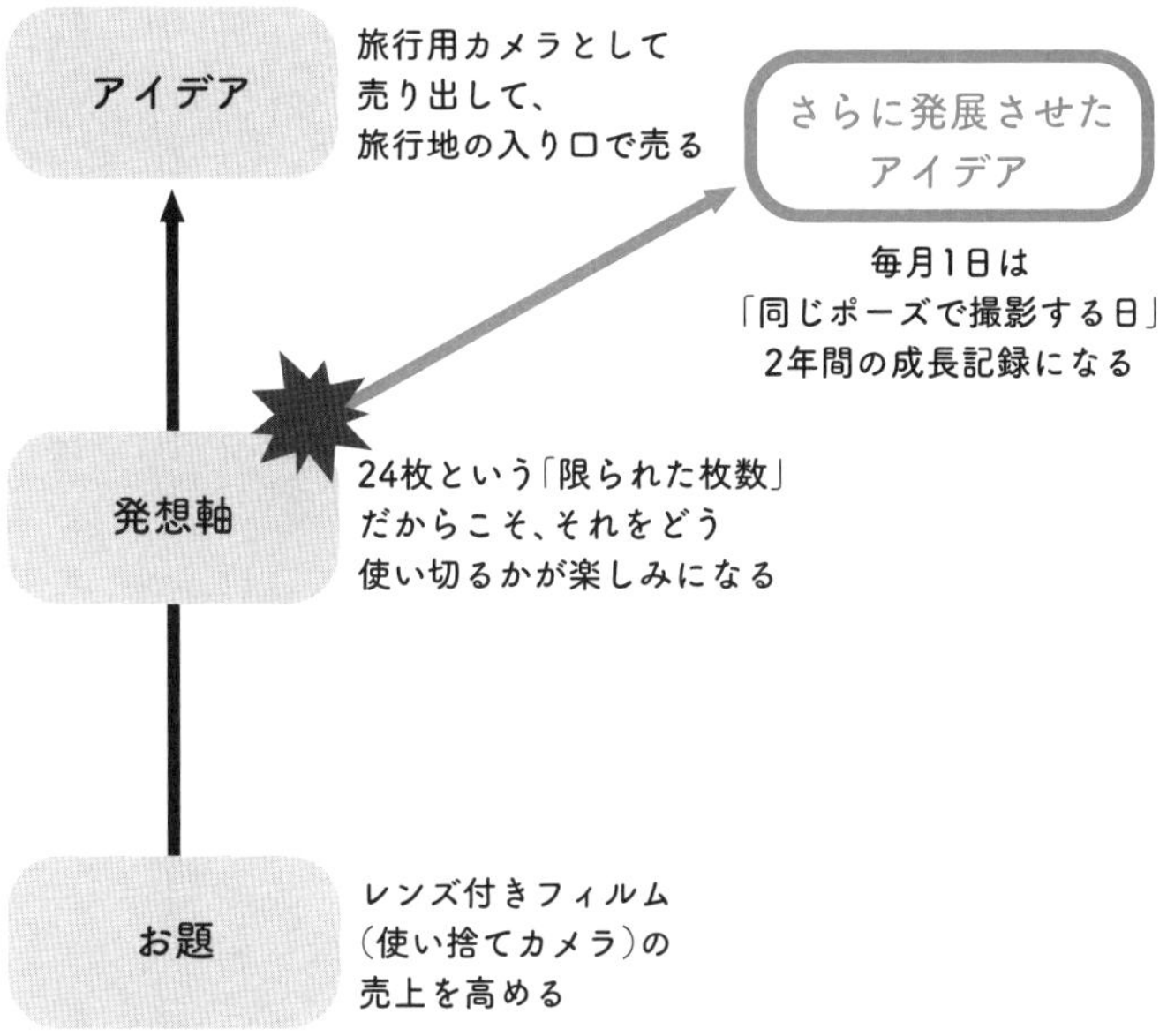
アイデア
旅行用カメラとして
売り出して、
旅行地の入り口で売る
さらに発展させた
アイデア
毎月1日は
「同じポーズで撮影する日」
2年間の成長記録になる
発想軸
24枚という「限られた枚数」
だからこそ、それをどう
使い切るかが楽しみになる
お題
レンズ付きフィルム
（使い捨てカメラ）の
売上を高める

すると、大きくなるにしたがってイベントがないと写真撮影しない、という家庭も多くありそうです。

そこで、毎月１日は、レンズ付きフィルムで「同じポーズで撮影する日」として売り出すのはどうでしょうか。毎月１枚ですから24枚だと２年間。36枚だと３年間の成長の記録をつくることができます（図30）。

しかも、現像するまで振り返ることができないため、現像することが２年に１度の「成長を振り返る」

楽しみとすることもできそうです。

他にも、毎日持ち歩いて「楽しかったことを採集」することを目的にする、ということもできるかもしれません。これも1ヶ月など時間を区切ってみることで、1ヶ月に24個なりの楽しいことを採集するということになると、楽しみに意識が向いてくるので行動も変わっていきそうです。

発想軸に戻ってアイデアを検証する

他のメンバーから出たアイデアでも考えてみましょう。

「付き合いたてのカップルにデート向けのカメラとして売る」というアイデアはどうでしょうか。

アイデアと言えるのかどうかわからないし、いいアイデアなのかもわからないので、アイデアを出した本人に聞いてみます。

すると、「どう撮ってもレトロでオシャレな写真ができるから」と言います。

それだったら、スマートフォンのフィルターをかけたものでいいのでは、と思ったのですが、さらに聞いてみると、人によって写真を撮るのに時間をかけすぎる男子もいるので、

図31「レトロでオシャレな写真」という発想軸

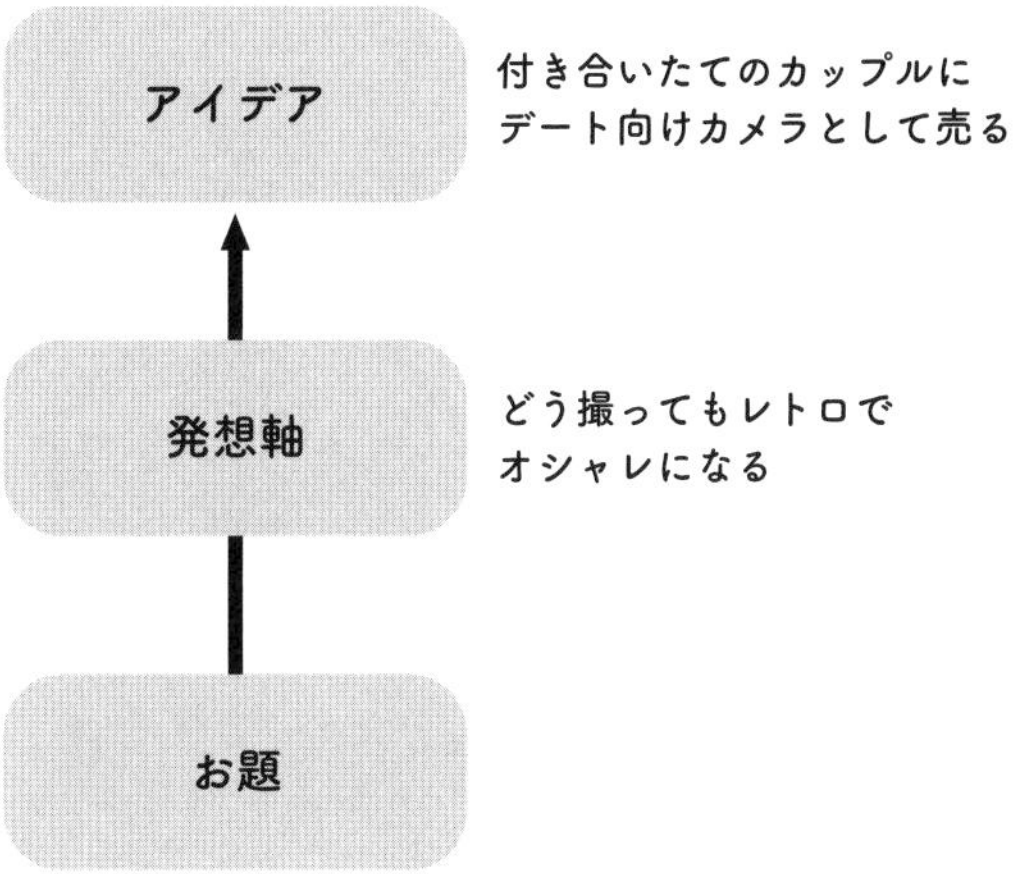

最初のほうのデートでは、写真は一緒に撮りたいけれど、どんな写真が撮れたかとか、そういうことにあまり時間を使わないほうがいいと思ったとのことでした。

デート向けのカメラといったアイデアに至った発想軸は、いろいろなものからできているように思えました（図31）。

そこで、さらに掘り下げてみました。

すると、プレビューができないから、ということも考えていたことがわかりました。

スマホやデジカメのように、どんな写真が撮れたのかプレビューできないということは、アナログのカメラのマイナスポイントではあります。しかし、捉え方によっては、アナログカメラのよさとも言えるので

図32「プレビューもできず、現像しないと見られない」という発想軸

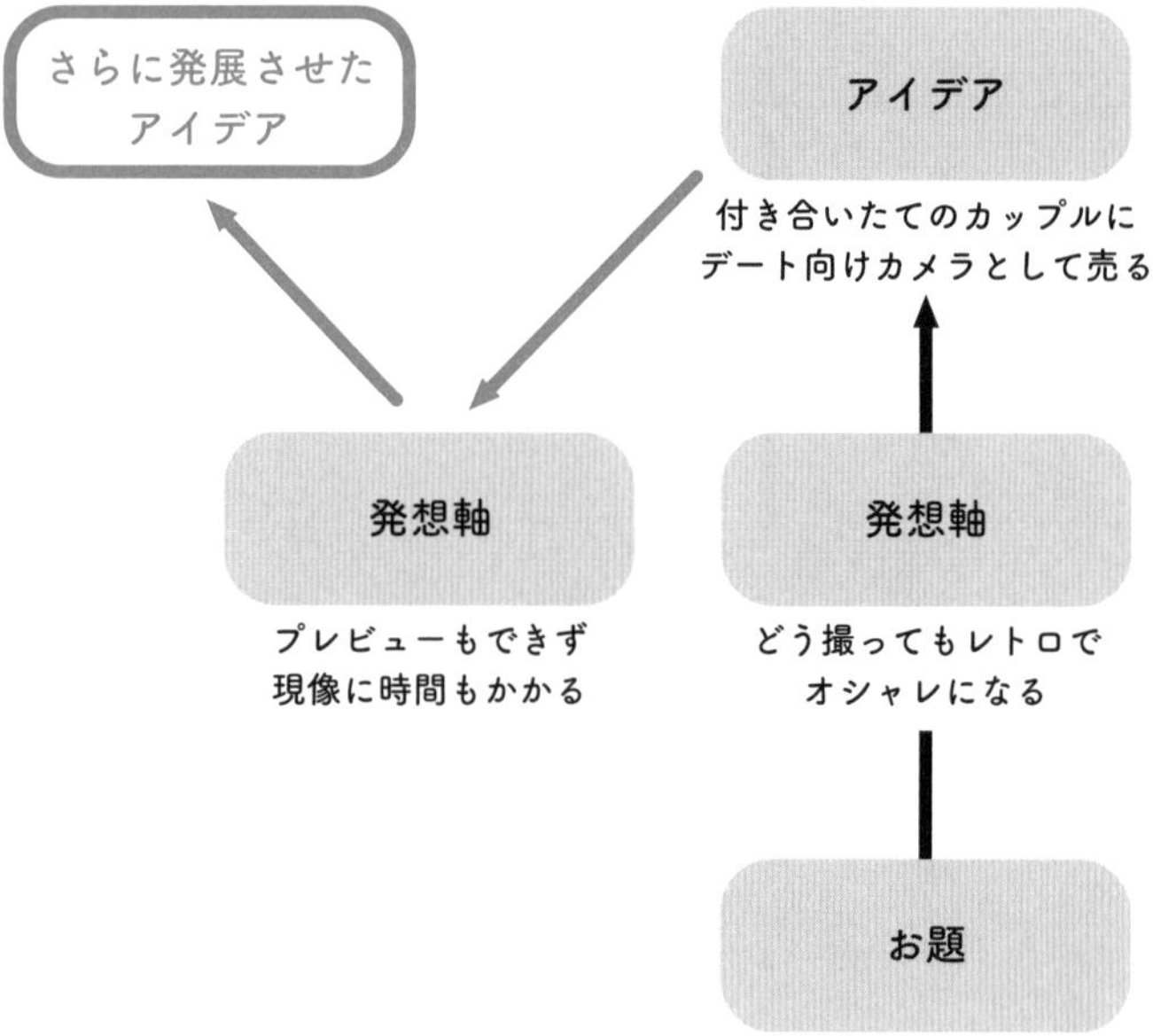
さらに発展させたアイデア
アイデア
付き合いたてのカップルにデート向けカメラとして売る
発想軸
プレビューもできず現像に時間もかかる
発想軸
どう撮ってもレトロでオシャレになる
お題

す。

ここから発展させると、現像しないと写真が見られない、ということもいいポイントに転換できそうです。これら「プレビューもできず、現像しないと見られない」ことを発想軸に据えてみると違うアイデアに発展させられそうです（図32）。

たとえば、一緒にデートしたということを考えると、その日に撮ったデートの写真を一緒に見るには、別の日にまた会わないとい

けない、ということで次のデートや食事に誘うきっかけにもなります。

これは、デートだけではなくて、合コンカメラにしてみても同じことが言えますし、カメラの写真を見せ合う、振り返り会も込みの新しい旅行パッケージのようなことにも発展させられるかもしれません。

このような発想軸に戻ってアイデアを検証するということは、いいアイデアであっても、正直微妙というアイデアであっても有効です。正直微妙と思えるアイデアでも、発想軸から次のアイデアに展開していくことができるのであれば、筋のいいアイデアとも言えるかもしれません。

持ち寄られたアイデアに対して、どんな発想軸を持っていたのか、ヒアリングをしてチームの発想軸にしていけるか、こちらもリーダーの手腕にかかっています。

いいアイデアには、必ずインサイトがある

ファシリテーターの役割としては、どこを分岐点にアイデアを発展させていくのか明確にすることが大事です。そのときの見極めのポイントとしては、「インサイト（洞察）」は

何か、ということを見極めることです。

詳しくは、第5章でお伝えしますが、いいアイデアには必ずインサイトがあります。そのインサイトを発想軸に据えることが、大切になってきます。

いずれにしても、この発想軸の見極めは、ディレクターやリーダーの腕の見せどころ。チームのアイデアを広げていくために、アイデア出しのときは、頭をフル回転にして臨んでください。

まとめるのもリーダーが責任を持つ

ここまでお読みになった方には言うまでもないことですが、ブレストやアイデア出しの会議が終わってから、部下や新人に議事録のような形で結果のまとめを依頼したり、企画書への落とし込みを頼むことは、いい進め方ではないように思えます。

ブレストやアイデア出しの会議は、最終的にプレゼンや企画書をまとめる人がファシリテーターとなっていくのが効率的です。

企画書の作成者が全体設計の中で、足りないアイデアについてブレストをファシリテートすることで、ひとりではつくれない部分だけをみんなの力を借りていくような形になるからです。そうでなければ、やみくもにアイデア出しをすることになり、みんなの時間と労力を無駄に使うことになってしまいます。

プロトタイピングとしてアイデアのステートメントを書く

私は、ある程度アイデアがまとまってきたら、企画書にアイデアをまとめていくことと同時に「ステートメント」を書くようにしています。

ステートメントと私が呼んでいるのは、400〜800字くらいの文章のことで、どんな背景があって、どんな課題が存在していて、誰に対して、どのようなことを行い、結果、何をもたらしていくのか、といった内容をひとつの文章としてまとめたものになります。

イメージとしては、このアイデアに投資してくれる人に向けて文章で説得するようなものです。社内だったら社長や投資の決裁権限を持っている人、社外だったら投資家やクライアントの決裁者への手紙をイメージしてみるのがいいでしょう。お客さまなど消費者に対するステートメントを書くことで、結果として決裁者を説得できるなら、そういう形もありでしょう。

私は、このステートメントが書けるようになると、言葉によるプロトタイピングの精度はグッと上がってくると思っています。

なぜ、そう言えるかというと、**ステートメントは「ごまかしが利かない」**からです。パワーポイントなどを使った企画書だと企画やアイデア自体がそこまで優れていなくても、なんかよさそうな感じをつくることができてしまいます。ただアイデアが破綻している部分が、際立ってきてしまいます。その検証のためにも、ステートメントは有用です。

ステートメントの書き方に、決まりはありません。

決裁者がアイデアに対して共感と納得をして、投資をするに値すると思えるようなステートメントであれば、書き方は自由です。

アイデアの概要を最初に話して、続いて妥当性を説明していくのもありです。

また、ファネル（漏斗：ろうと、じょうご）のようなイメージで、そのアイデアに関心を抱かせるような話からはじめて、アイデアの妥当性に至るように文章をつくっていくのもありでしょう。

さらに、サイモン・シネックのゴールデンサークル理論のように、「Why（なぜ）」→「How（どうやって）」→「What（何が）」という順番でステートメントをつくるのもありでしょう。

ひとつ、第3章で触れた企業の周年事業を例にして、ステートメントを書いてみましょう。


来年、創立60周年を迎えるA社。

周年を単なる祝典とするのではもったいない、そんな視点を持つことを出発点にしました。周年は、企業にとっては、単なる通過点にしか過ぎないけれど、過去を振り返り、いまを見つめ、未来に向かって動き出すための「いい機会」にできると考えたからです。

フォーカスするのは、社員の意識改革です。かつてあった、一人ひとりが率先して挑戦者となる風土を取り戻す機会にしていきます。それが、自律的に新商品やサービスが生まれ、経営の課題でもある新しい収益の柱をつくっていくことにつながると考えています。

周年に関わる施策を、過去、現在、未来と3つに分けて実施していきます。

過去については、会社の歴史を人にフォーカスしながら見つめ直していくコンテンツをつくっていきます。ひとりの思いがヒット商品などにつながっていったことを伝えていく「最初の一歩展」、斬新なアイデアだったけれどうまく市場に定着しなかった商品を発案者にもフォーカスしながら伝えていくコンテンツも展開。一人ひとりの自由な発想と挑戦が、会社の歴史をつくってきたことを再確認していくようにします。

現在については、過去のコンテンツに触れたときに「昔はよかった」というような懐古的な思考にならないため、企業の外部と連携しながらコンテンツをつくっていきます。個人の思いを出発点として事業や商品をつくっている人と社員とのインタビューコンテンツをつくり、そんな思いを持った人から見たときのA社のチャンスはどのようなところにあるのか、考えられるようにしていきます。

未来については、100周年となる40年後の未来を想像したときに、いま、何をするべきか、ということを構想していくプロジェクトを行います。人材育成、新事業開発などのワーキンググループを複数つくり、60周年を皮切りに中期的に続けていくものとします。

以上のような60周年の施策を複数走らせながら、未来に続く価値創造は、みんなではなく、ひとりの思いと第一歩から生まれるということへの気づきと、その文化醸成となる活動を行っていきます。

このようにステートメントを書いてみましたが、いかがでしょうか。

なぜこの施策を行うのか、どんな狙いを持って、実際にどのようなことを行うのか、という点に重点を置いて書いています。こちらは、決裁を行う人（たとえば経営者）に伝えたときに説得力があるのか、ということをアイデアの検証として使っていきます。

このように、決裁者に向けて書くこともありですし、顧客に向けてステートメントを書いて魅力的な商品や施策に見えるのか、という検証に使うのもありです。

ぜひ、リーダーが率先して、ステートメントを書いてみるようにしてください。ここで、説得力を欠いたステートメントしか書けないようであれば、アイデアのどこかに再検討の余地があります。ステートメントを、アイデアを練り直すきっかけにもできます。

いいチームになるにはリターンの設計が必要

この章の最後に、アイデアをつくっていくときのいいチームをどうつくるのか、そこに寄与するモチベーションの話をしましょう。

リーダーだけが奮闘しても、チームのチカラを引き出せなければ、徒労に終わってしまいます。

本章の前半では、心理的な安全性が確保されているのか、ということについて言及しました。ここでは、プロジェクトに関わるチームメンバーそれぞれのモチベーションを高めるには、どのようにすればいいのかについて、私が実践している例を通じてお話しいたします。

私がモチベーション設計において大切にしているのは、「リターンの把握と設計」です。

私が所属しているQueという会社は、10人にも満たない小さな会社なので、複数の組織のメンバーによるプロジェクトチームで仕事をすることが多くあります。自分がプロジェクトオーナーになったときに、近年、トライしていることがあります。

それは、みんなで期待するリターンをプロジェクトのキックオフで共有するということです。仕事におけるリターンで言うと、何も共有しなければ金銭的なリターンしか可視化されてきません。

しかし、本当は、他にもあるのではないでしょうか。それを、明示して意識化しているとチームの関係やコミットメントが変わってくると思いました。

そこで、次のようにリターンを分解して、それぞれどんなリターンを期待するのかをメンバーに書いてもらうようにしています。

・ファイナンシャルリターン（金銭的な報酬）
・グロースリターン（このプロジェクトを通じて、どう成長できそうか）
・コミュニティリターン（このプロジェクトを通じて、どんなコミュニティの仲間になれそうか）
・ネットワークリターン（このプロジェクトを通じて、どんな新しい仲間とつながれるか）
・キャリアリターン（このプロジェクトが成功したら、キャリア的にどんな成果がもたらされるか？　自分にどんなタグがつくか）

・ナレッジリターン（この仕事を通じて、チームや個人にどんな知見をためられそうか）
・ハッピーリターン（この仕事において、個人的にどういう楽しみや幸せがありそうか）

それぞれについて、どんなリターンがあるのか、ということをチームメンバーみんなで一斉に「共同編集できるオンラインファイル」に書いてもらうようにしています。

弊社では、Notionというアプリを使っていますが、Googleスライドでも、ドキュメントでも、Miroでも OKです。他のメンバーが何を書いているのか見られるようにすることも大事だと考えているので、共同編集できるものを使ってみてください。

グロースリターンでは、「このプロジェクトを通じてこの市場分析を○○のソフトを使ってできるようになる」など、具体的に期待することをそれぞれ書いていきます。

ネットワークリターンでは、「いま若手の中で注目されているこのデザイナーと一緒に仕事をすることで、よかったら次の仕事にもつなげていきたい」など、個人個人の中にある「思惑」を書いていきます。そして、それをひとりずつ発表し合ってシェアします。

「いいチーム」だとみんなが思えることも、チームでアイデアを出すには大切な要素

面白いところで言うとハッピーリターンでしょうか。
たとえば、東京の人形町に本社のあるクライアントの仕事において、メンバーの半数以上が「人形町でのランチ開拓」ということを書いたことがありました。
そこで、リーダーである私は、クライアントとの対面でのプレゼンや打ち合わせの時間を13時半や14時などにして、みんなでゆっくりランチをしてからクライアントを訪問するということを行いました。

このようにチームメンバーがそれぞれの項目に対して、どんなリターンを期待して仕事に臨んでいるのか、リーダーはもちろんのこと、チームメンバーみんなで把握し合うことで、できるだけそのリターンを叶える仕事にしていこうと、メンバーみんなが向かっていくことができます。

これは、キックオフのときだけでなく、中間で振り返りをして方向修正できることがあれば、みんなでアイデアを出し合い、プロジェクト終了時にも振り返りをして、次のプロ

ジェクトをよりよくするための知見とするようにしています。

こういう「いいチーム」だとみんなが思えるようにすることも、アイデアをチームで出す上では大切な要素だと思っています、と偉そうに言いながらも、私たちはまだまだ試行錯誤の途中ではあります。

コラム　アイデア筋トレ4

誰とでも一日で「親友」になる方法

これは、高校時代の先生に教えてもらった話です。授業中、突然、先生がこう言いました。

「これから大学生になっていく君たちには、ぜひ親友をつくってほしい」

「親友」とは、単なる友達を超えて、特別に自分のことをわかってくれるかけがえのない人と定義しよう、と先生は続けます。そして、このように言い放ったのです。

「これから、親友を一日でつくる方法を教える」と。

突然の話に、クラスは動揺しました。

やり方は、シンプルなものだ、と先生は続けます。

「ひとり6時間、お互いに自己紹介をする、それだけだ」と。

そして、そのやり方について詳しく説明をします。

「できるだけ時系列で、相手のことを聞きだす。ただ出来事の羅列ではダメ。そのときに、どう思って、どう判断したか。その結果、どうなったか。詳細に掘り下げていくこと。とにかく、頭に浮かんだ質問はすべて投げかけて深掘りをする。6時間は、それには十分な時間だ。それで、まあ1時間でいいだろう。相手のことを、それだけ長く他己紹介できるようになったら完成だ」

大学に進学して上京した私は、先生の言葉が頭の片隅にありながらも、この「方法」を実践することはありませんでした。しかし、あるとき、知り合ったばかりの友人が終電を逃して私の下宿に泊めてほしいとやってきました。その日、ふと先生の話を彼に話したら、「面白いじゃん」と彼は言ったのです。

「いまからだと、ひとり終わるだけで朝になっちゃうけど、まずやってみようよ」と彼は乗り気です。

では、やってみようと、探り探り彼の話を聞くことからはじめました。

でも、実際は結構、難しいものでした。6時間は、思ったよりも長いものでした。最初は彼の話を聞くことからでしたが、生まれて最初の記憶から聞いて、18歳の「現在」に至るまで1時間しかかからなかったのです。あと5時間も余っている。

そしてもう一度、最初に戻って、あれこれと深掘りをはじめました。

小学校1年生のときの先生の名前は？　どんな性格だった？　覚えているエピソードはある？　何係だった？　好きな子はいた？　どんな人だった？　そのとき、嬉しかったことは？　悲しかったことは？　国語は得意だった？　覚えているお話ある？　授業で手を挙げるときにどんなことを思っていた？

話すほうも大変だったようで、「どうだったかなぁ」と記憶をたぐり寄せながら、自分でも忘れていたようなことまで話を絞り出してくれました。

私たちは、先生の教えを守り、まずひとり目である彼の6時間の自己紹介を終えました。

一度、眠って、次は私の自己紹介を6時間行いました。かなりの体力を消耗したのか、お互いの自己紹介を終えたところで、彼は帰っていきました。

先生の言っていたことは本当だった、と感じたのは次に彼と会ったときです。「ちょっと聞いてよ」と、彼が悩みをぶつけてきたときに、その思考が手にとるようにわかったのです。

「どうせ、◯◯なところにこだわってるんでしょ、また」

と私が言うと、彼は目をまんまるにして、

「どうして、わかるの？」と。

それから20年以上経ったいまも、彼とは親友です。

彼も、私もココロに大きな動きがあったときに連絡をし合っています。近況を話し合う中で、いまだにお互いに「なんで、わかるの？」と言い合っています。

この原体験が、私のいまの仕事のスタンスを決めたと言っても過言ではないです。

「親友になる方法」は仕事にも応用できる

私が所属しているＱｕｅは、企業のフィロソフィーの言語化を依頼されることが多いですが、そのときの手掛かりとなるのが、この「親友になる方法」です。

まず、時系列でその企業のことを頭に入れます。

そして、直面した様々なことに、どう対応していったのか、結果はどうなったのかを深掘りしていきます。危機に陥ったときに、何を考え、それにどう対応したのか。そのときの当事者たちが、何に悔しいと思って、どうあがいて、どうなったのか。嬉しかったのは、どういうときで、どう分かち合ったのか……。

時系列で情報を構造化して、深掘りしてあらゆる事例を収集していくのです。経営陣やキーマンの個人的な思い。それらの情報がある閾値《いきち》を超えてインプットされると、企業なのに、かけがえのない友達のような親近感を覚えるようになります。

そんな「いい自己紹介」を聞けたときこそ、いいフィロソフィーの言語化ができると信じて、仕事の最初には「たくさん話しましょう」と言うようにしています。

これは、一緒に仕事をするチームメンバーに対しても同じです。

彼らが、どのように課題を捉えるのか、どのような思考をしてアイデアを生みだすのか、それは過去の経験の延長線にあることが多いです。

彼らの過去を知っていると、アイデアの結果だけでなく、アイデアを考えるプロセスに対しても想像することができます。

すると、そのアイデアを思いつく前に考えていた「発想軸」を起点に、広げてみるのはどうだろう、などアドバイスがしやすくなるのです。

ひとり6時間は難しいとしても、仕事の中で、チームメンバーの考え方や思考の癖をうまく引き出していくことも、アイデアを生みだすチームをつくる上で大切なことです。

第5章

「いいアイデア」を見極める技術

どのアイデアを実行するのか「選ぶ」ことは難しい

これまで個人でどうアイデアを出すのか、チームでどうアイデアを出すのか、という話をしてきました。

アイデアを実行しようとすると、ひとつのアイデアにしていかなければいけません。出てきたアイデアの中からひとつを選ぶのか、組み合わせてひとつのアイデアにするのか、また、出てきたアイデアを発展させて実行するアイデアにしていくのか。いずれにしても、アイデアを実行する前には、何が「いいアイデア」なのか見極める必要があります。

私がいた広告業界のクリエイティブという職種では、キャリアの最初はコピーライターやCMプランナー、デザイナーからはじまり、その後、経験を積んだ上でクリエイティブ・ディレクターという役割になります。

15年以上の経験を積んだ人の中から選ばれた人が、クリエイティブ・ディレクターになるのが通例でした。クリエイターとしての能力もあり、チーム運営のチカラもあり、そして、経験もあるといった人だけがクリエイティブ・ディレクターになっていました。そして、このクリエイティブ・ディレクターがチームのアイデアを選ぶことを行っています。それは、アイデアを出すことよりも、選ぶことのほうが難しい、という認識が共通してあるからです。

「どのアイデアを選ぶのか」が大事

近年は、ストラテジストからクリエイティブ・ディレクターになったり、もしくは、20代など若くしてクリエイティブ・ディレクターになったりする場合もあります。それは、経験値というだけでなく、職能としてクリエイティブ・ディレクターというものが定義されつつあるからです。そうした中でも「アイデアを選ぶ」ということがクリエイティブ・ディレクターの重要な役割であることに変わりはありません。

もちろん広告業界に限らず、どんな業界においてもマネジャーやリーダーという役割の人には、「どのアイデアを選ぶのか」が、とても大事な仕事になります。

「いいアイデアとは何か」を定義しよう

アイデアは、何かしらの問題解決のために必要なもの、だとすると、**その問題解決に向かって「機能する」ものがいいアイデア**と言えます。

アイデアを選ぶときは、数あるアイデアの中から「いちばん機能するもの」「いちばん効果の高そうなもの」を選べばいいわけです。

しかし、機能するかどうか、効果があるかどうか、という「結果」を予想することは難しいものです。

たとえば、広告においては、買ってくれる、予約してくれる、来店してくれる、など消費者が何かしら行動してくれることが結果（機能する）のわけですが、この結果をアイデア段階で見極めるのは困難です。

そのときに大事になってくるのが、「いいアイデア」を選ぶためのリーダーなりの判断軸を持つことです。

いいアイデアは「人のココロを動かして、人の行動を生みだす」

広告などのコミュニケーションにおけるアイデアにおいては、いいアイデアとは「人のココロを動かして、人の行動を生みだす」と大きく定義できます。

これらをベースにしながらも、いいアイデアかどうか判断するためにはどんな判断軸を持つべきでしょうか。私は「いいアイデアには、必ずいいインサイトがある」という軸でアイデアの絞り込みをしています。

公共広告のようなものを考えてみましょう。

たとえば、ゴミのポイ捨てをなくしたい、という課題に対して、「ゴミのポイ捨ては、やめよう」というポスターをつくるのは、第1章でお話しした、私の学生時代に言っていたことと同じで、それでは当然ながら人の行動は変わりません。

では、こちらはどうでしょう。

「ゴミのポイ捨てを発見したら、罰金10万円いただきます」

これは、ココロが動きますね。恐怖心というものが生まれます。ある程度の抑止力は働くと思います。

しかしどうでしょう。飲食店のお店の駐車場にこのような張り紙がでかでかと掲げられていたら、ちょっと怖い店主がいるお店なのかも、という思いも同時に抱いてしまうのではないでしょうか。公園に、このような張り紙があったら、なんだかちょっと息苦しい感じがしてしまうかもしれません。

いつでも気持ちのいい環境をつくりたいから、ポイ捨てをやめさせたい、と思ってのことなのに、そのゴールに照らし合わせてみるとあまりいいアイデアのように思えません。

では、こちらはどうでしょう。

「いつも、キレイに使っていただいてありがとうございます」
「食べた後のゴミを、ゴミ箱に入れてくれてありがとうございます」

これらのコミュニケーションもよく見かけます。みんなが「環境をつくっている当事者なんだ」という意識づけをすることには成功していると思います。やさしさの行き交う空間であることも、なんとなく感じさせて、気持ちのいい空間をつくることにも寄与している気がします。ちょっと、「いい子ちゃんすぎる」印象がないこともないですが。

では、また違ったアプローチも見てみましょう。

楽しさによって人の行動を変えるストックホルムの事例

スウェーデンの首都、ストックホルムでの事例です。

ここでは、言葉によってポイ捨てをやめさせるのではなく、ある仕掛けをつくって行動を変えることができないか、自動車会社フォルクスワーゲンによって実証実験が行われました。

公園に設置されているゴミ箱に、ある仕掛けを施したのです。

ゴミ箱の入り口にセンサーを設置して、ゴミが投入されたことを感知すると、音が流れるようにしたのです。

「ひゅーーーーーーーーーーん。どぉーーーーーーん」

ゴミを捨てると、まるで奈落の底に落ちていくような錯覚を覚える音による仕掛けです。

生理的にも気持ちがよくて、ゴミをゴミ箱に入れることが楽しくなります。

結果として、ゴミをゴミ箱に入れる人が多くなっただけでなく、公園に落ちていたゴミ

図33 世界で最も底が深いゴミ箱

The world's deepest bin（世界で最も底が深いゴミ箱）
The Fun Theory – フォルクスワーゲン（スウェーデン）

を拾ってゴミ箱に入れるという人まで現れました。

ポイ捨てをしちゃいけないからゴミ箱に入れましょうと「正しいこと」をまっすぐに伝えるのではなく、ゴミ箱に入れることを楽しいことにすればいいというアイデアです。

これを、ファンセオリー（楽しさによって人の行動を変える理論）と名付けて、やらなければいけないと深層心理では思っているものの、行動に移せていないことに応用できるとしたのです。この仮説を基に、あらゆる実証実験が行われました。

エスカレーターを使うのではなく健康のためには階段を使ったほうがいい、ということに対しては、階段にセンサーをつけて、まるでピアノのように音が鳴るようにしました。ゴミの分別をしなければいけないことに対しては、インベーダーゲームのように正しく分別することをゲームのようにしました。


こちらを、先ほどいいアイデアとして定義した「人のココロを動かして、人の行動を生みだす」に当てはめてみると、次のように言えます。

「人のココロを『正しさではなく楽しさで』動かして、『やらなきゃいけないと思っているけどできていないこと』の行動を生みだす」

》コミュニケーション領域以外にも応用できるのか

では、コミュニケーション領域以外では、どうでしょうか。

商品であっても、サービスであっても、まちづくりや、組織づくりにおいても、人が関わることへのアイデアについては、基本は同じだと思います。

もちろん、

「最も燃費のいいエンジンをつくる」

「コストを圧倒的に削減する生産プロセスをつくる」
「部屋の空気が乾燥しにくいエアコンの暖房システムをつくる」
などは、人のココロとは関係なく、これらを実現するアイデアこそがいいアイデアでしょう。

しかし、これらの発明も、その多くは「人に使ってもらう」ためのものです。

どんなに素晴らしいアイデアであっても、使ってもらわないことには、世の中にないのも同然です。

そう考えると、どんな課題であっても「人のココロを動かして、人の行動を生みだす」ということは、向き合わなければいけないことなのです。

≫いいアイデアには、必ずいいインサイトがある

もう少し、話を進めていきましょう。

いいアイデアとは、結果に対して、どれがいちばん機能するのかを選ぶ作業だと話してきました。

これは、「ホントのホントのホント」のことを見つける作業とも言えます。

いいアイデアを選ぶときに、ただ構造的に正しそうなものを選びがちですが、これは違います。徹底的に、消費者やユーザー側の視点に立って、アイデアを選ぶべきなのです。

私は、消費者やユーザーを定量的なマクロな視点で捉えるのではなく、消費者のあるひとりを想定して、そのひとりの「ホントのホントのホント」のことを突き止めるほうが、近道であることが多いと感じています。

マーケティングにおいて、大きな戦略を考えるときにはマクロな視点も必要ですが、実行するアイデアを考えるときは、消費者個人のココロを徹底的に深掘りすべきなのです。

いいアイデアは、必ずインサイトを上手に突いています。マーケティングにおけるインサイトは人によって定義が少しずつ異なってくると思いますが、私は「人間の行動や態度の根底にあるホンネや核心などの【気づき】」と定義しています。

具体的な例を見ながら、考えてみましょう。

自邸の塀への立ち小便をやめさせた「すごいアイデア」

これは、私が思いついたものではなく、弊社のＣＭプランナーでありクリエイティブ・ディレクターの岡部将彦が研修を行うときに、取り上げている例題です。

私も時々、研修において例題として使わせてもらっています。

それは、次のような問題です。

「毎晩、毎晩、立ち小便をされて困っている家がありました。ところが、ある一枚の張り紙をしたところ、ピタリと立ち小便がやみました。さて、その張り紙に書かれていた『言葉』とは？」

少し想像を巡らせて、考えてみてください。どんな答えが思い浮かぶでしょうか。

立ち小便をやめさせた画期的なアイデアとは

私が行う講義において、この質問を投げかけると、どのような答えが返ってきたでしょうか。


「監視カメラ作動中」

「でかでかと、神社の鳥居のイラストを描く」

「罰金10万円」

「ここで殺人事件が起こりました」

「立ち小便によって、木が枯れてしまいます」

などなど、多彩なアイデアが出てきました。


しかし、それらについての効用は認めながらも、私は「模範解答」は別にあるのではないか、と投げかけます。その答えは、図34のようなものです。

図34 立ち小便をやめさせた画期的なアイデア

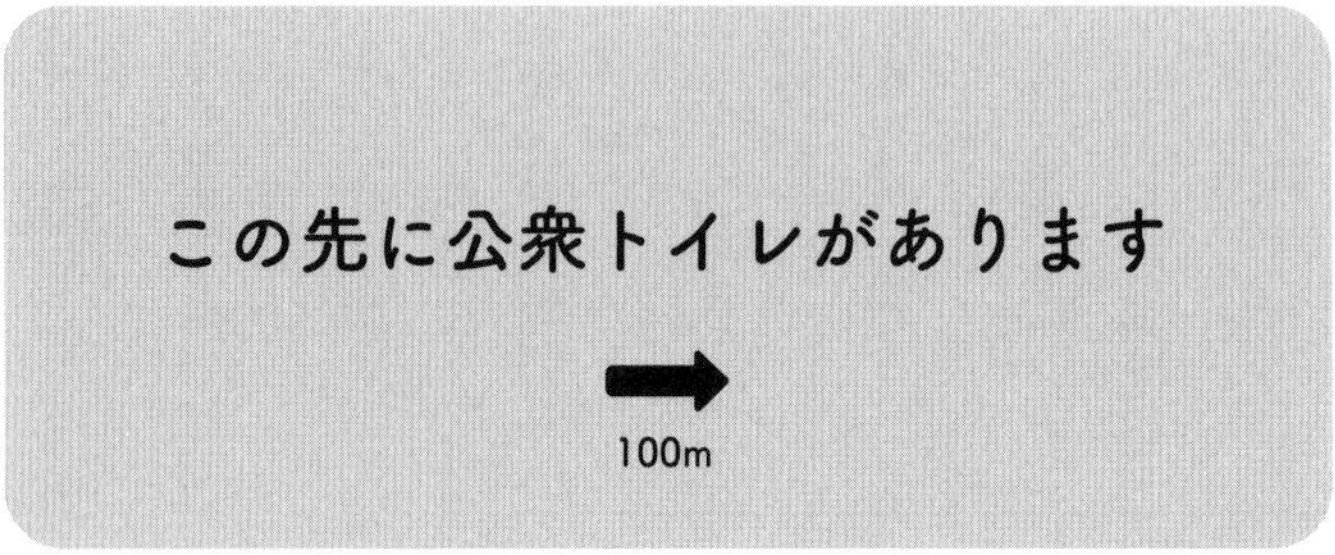

公衆トイレの場所を教えてあげれば課題は解決できるはず、というアイデア。これが、なぜ模範解答なのでしょうか。

ここで着目すべきことは「立ち小便をする人は、トイレがあるならトイレで用を足したい。でも、トイレが見つからないので、ちょっと人目のつかないところで済ましてしまおう、という心理」にフォーカスしたことです。

行動を変えさせたい相手は、その家主を困らせようとしている悪人ではなく、自分がしている行為が悪いことだとわかりながらも、「やむにやまれぬ状況」で仕方なくしているということへの気づきがあります。

まさに、ターゲットのインサイトの発見があるわけです。

ここへの気づきがない、先ほど挙げたアイデアはどうでしょう。

そんなことはわかってる、でも仕方ないんだ、と塀に立ち小便されるか、また、ここで立ち小便するとまずい、と思ってやめるかもしれませんが、「やむにやまれぬ状況」であることは変わらないので、「他の見つかりにくい場所」を探して、お隣の塀や、はす向かいの塀に立ち小便をするのではないでしょうか。

このように大事になってくるのが「インサイト」です。いいアイデアには、必ずいいインサイトがある、と言っても過言ではないのです。

ネガティブなことも形を変えたらポジティブになる

インサイトの発見は、ネガティブなものの中に多く潜んでいます。

消費者の中の「不」を発見する、ということや、クレイトン・クリステンセンのジョブ理論なども同じ考え方だと思いますが、消費者やユーザーの中にどんな困りごとがあるのか、その発見こそが、いいアイデアの起点となります。

第3章で「欠点起点法」として触れたテーブルについてしまうグラスの水滴に対するアイデアも、インサイトに基づいています。

改めて、この事例を見てみましょう。

図35「水滴がテーブルについて不快感が生まれる」というインサイト

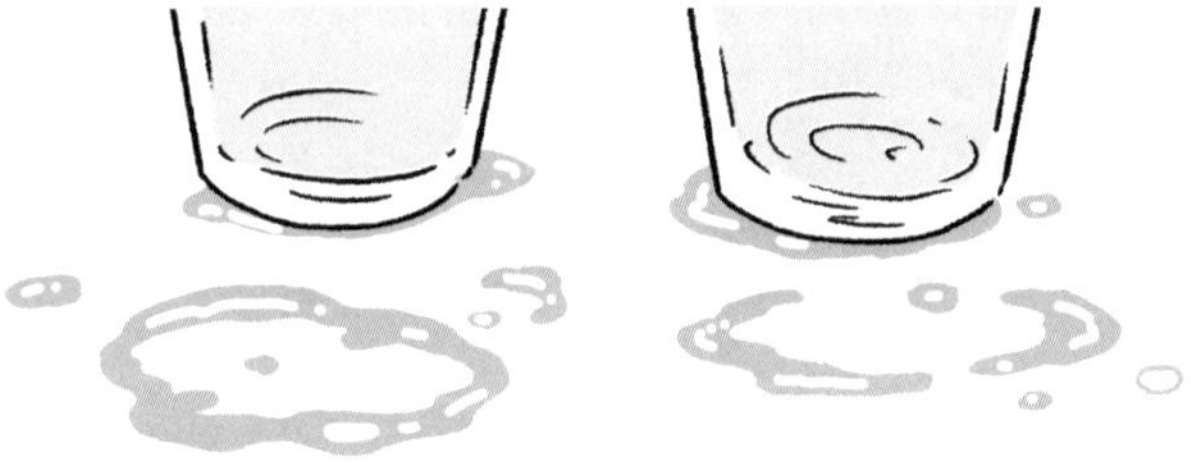

カフェなどでアイスコーヒーやアイスカフェラテを頼んだとき、もしくは、家で冷たい飲み物を飲んでいるときに、テーブルの上に水滴がついてしまうことがあります。

私は、カフェなどで無意識のうちに、テーブルについた水滴をおしぼりで拭いたり、ペーパーナプキンをコップの下に敷いたりすることがあります。

このように無意識で行っていることに対して、これはストレスになっていることだと気づき、言語化できること。それこそが、いいアイデアの基となるインサイトの発見だと言えます。

「コップについた水滴が、テーブルに移って不快感が生まれる」

このインサイトに気づいたときに、どんなアイデアを、いいアイデアとして選ぶべきでしょうか。

ひとつは、まっすぐに「水滴がつかないようにする」

図36「水滴がつかないようにする」というアイデア

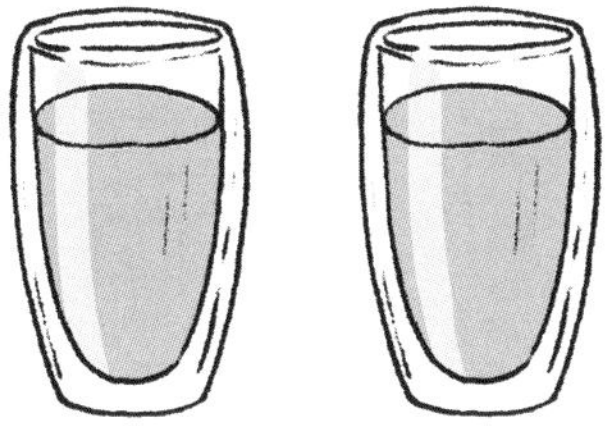

BODUM PAVINAダブルウォール グラス

ということに向かって考えられたアイデアです。

図36のようにコップを二重ガラスにして、水滴がそもそもつかないものを開発するというのがあるでしょう。これも、いいアイデアだと思います。

しかし、この問題の解決方法は、それだけではないのです。

普通のグラスに冷たい飲み物を入れたら、水滴はつく。その前提を覆すことなくアイデアでこの問題を解決するという道も別にあるのです。

それが、176ページで紹介した「サクラサクグラス」でした。

これはサクラサクという名前の通り、グラスの底面にある仕掛けがなされていて、グラスについた水滴がテーブルについたときに、桜が開花したような跡が残るというものです。

水滴がテーブルについてしまうという、本来嫌なこと

図37「水に濡れても美しさが損なわれない」コースターというアイデア

THE COASTER 中川政七商店

を「楽しい方向に変える」という素晴らしいアイデアです。

他にも、グラスではなく、違うアイデアとして生まれた商品があります。

それが、コースターを新たに開発することでした。

本来、コースターは、水滴がついてしまうことを防ぐ用途として使われてきました。しかし、紙のコースターだとコップを持ち上げたときに、一緒にくっついてきてしまい、その途中でテーブルに落ちてしまったり、水滴でびしょ濡れになってしまったりと、本来ストレスをなくすためのものなのに、新たなストレスとなっていることがありました。

そこで、この図37の商品は、水と最も相性のいい素材を探し出し、「水に強く、水を弾き、どれだけ濡れても美しさが損なわれない素材」ということで、タイルでコースターをつくったのです。

グラスにくっつかないだけでなく、浴室の壁などと同様に水に濡れていることを想定してつくられた素材は、濡れてもみすぼらしくならず、むしろ美しくも感じる。こちらも、素敵なアイデアです。

いかがでしょうか。

消費者目線で、この3つのアイデアを検証してみると、いずれも正解だと言えます。それは、**どれもインサイトがきちんと入っているから**なのです。

このように強いインサイトとは、唯一の正解があるわけではありません。ですから、思考を柔軟にしてあらゆる視点からインサイトの仮説を出していく必要があります。

そのためにも「**インサイト発見力**」を鍛えていく必要があります。

インサイト発見力は「周辺領域の知識」でつくられる

前述のように「いいアイデア」を選ぶためにはインサイト発見力が必要になってきます。

このインサイト発見力は、どうしたら身につくのでしょうか。

また、事例を挙げてみましょう。

ダイソンが「吸引力が変わらないただひとつの掃除機」というキャッチフレーズとともにサイクロン式の掃除機をヒットさせましたが、吸い取った掃除機のゴミが見えるように、透明な機構にしたところも卓越したアイデアだと言われています。

ゴミは、汚いから見えないようにしよう、というのがそれまでの掃除機のデザインの基本でしたが、設計したダイソン本人にとっては確固たる自信があってのことだと考えられます。

ゴミは汚いから、見えないようにしたほうがいい。それは、その通りです。

けれど、はなをかんだときを、思い出してください。

どんな行動をするのでしょうか。

私は、キレイにスッキリとかめたときほど、ティッシュを閉じずに取れた鼻水をチェックします。ちょっと想像すると汚いですが、こんな行動をするのは私だけではないはずです。

たくさん取れた、という結果を確認するのは、生理的に気持ちがいい。

とすると、「吸い取れたゴミは、隠すものではなくて見えるようにするのがいいアイデア」ということになるのではないでしょうか。

ダイソンは、吸引力で掃除を強力に手助けしてくれるだけでなく、その**吸引力で吸い込んだゴミが可視化されている気持ちよさ**も、プロダクト価値を高めているし、同時にその吸引力を人に伝えやすくしているのだと思います。

体によさそうなものは、どんな味？

他にも、ちょっと古い事例ですが、こんなことをインサイトとして挙げてみたいと思います。

「マズイ！　もう一杯」

この言葉に若い方は、ピンとこないかもしれませんが、青汁のＣＭとしてすごくインパクトのあるものでした。

これは、ＣＭとして売上にとても貢献したものと言われていますが、なぜ、マズイと言った商品が売れたのでしょうか。

ここには、あるインサイトが隠されています。

それは、「おいしくないものが体にいいものだ」と思ってしまう共通の心理があるからです。「良薬は口に苦し」ということわざがあるように、おいしい青汁です、というよりも、おいしくないと言ったほうが「体によさそう」と思わせるチカラがあるのです。

これと同じ考え方で、ヒット商品を生みだした例があります。

栄養ドリンクとして、確固たる地位を築いているアリナミンVという商品は、比較的後発で市場導入された商品でした。そこでフォーカスを当てたアイデアが、タウリンなど効能成分がどれだけ入っているかということに加えて、味を苦さという方向に振ったことです。競合となる商品が、飲みやすさの追求を行っている中で、ある意味、逆張りを行ったのです。

結果として、「この苦さが『効いてる』って感じがするんだよな」というファンを生みだし、後発ながらヒットするに至ったのです。

このように、インサイトを発見していくには、その分野の専門的な知識ではなく「周辺知識」とも言える、敷衍《ふえん》可能な人間行動の共通項のようなものへの気づきが大切になってきます。

それは、ネガティブな感情、ポジティブな感情の双方にあります。

インサイトの発見力を鍛えるためには、私は3つのアプローチをとっています。

1つ目は、自分のココロに耳を傾けること。第3章で触れたストレスリストをつくることや、逆に、自分の気持ちがポジティブに動くポジティブリストのようなものをつくることもいいでしょう。

2つ目は、他者を観察することです。ファストフード店などで若者が話していることに耳を傾けてみる。自分がターゲットではないSNSから、その発言の裏にある思いを想像してみるといいでしょう。

3つ目は、調査や分析レポート、論文や書籍から、普遍的な心理、世代における価値観の違いなどを把握していくこと。

私は、これらのインプットを通じて、インサイト発見力を鍛えるようにしています。後ほど、トレーニング方法として私が行っている例をご紹介します。

トレンドからインサイトを導き出す

ここまで「人のココロを動かして、人の行動を生みだしていく」ということを見てきました。そのためには、インサイトの発見がとても大切な鍵を握っているということもわかったかと思います。

心理学的なインサイト、文化人類学的なインサイトを見てきましたが、他にも世の中のトレンドというものも、インサイトに大きく関係してくるものです。

タピオカドリンクは、なぜ流行《はや》ったのか

たとえば、2018年頃からはじまったタピオカのブームを見てみます。インスタグラムを中心としたSNSを媒介にして若者に大ヒットしました。このブームは、なぜ起こったのでしょうか。

要因は、いくつか考えられます。

たとえば、コーヒーではなくカフェラテとして、甘くて飲んだら幸せな気分を味わえる発展型としてタピオカの入ったミルクティーが支持されたという視点。これも、たしかにあるでしょう。

しかし、それだけであれば、ミルクティーやロイヤルミルクティーのブームになったはずです。

弊社Ｑｕｅの中で、このブームに対して勉強会を行ったときに、社長であるストラテジストの間宮洋介が言ったのが、「おいしさではなくて、タピオカが持っている物性にポイントがあるのでは？」ということでした。

ＳＮＳを媒介にして広がるというときに、必要不可欠な要素がある。それは、「否定されないこと」である。なぜなら、否定される可能性のあることを、つぶやこうとしたときに、特に日本人は躊躇する、ということを言ったのです。

たとえば、「このタピオカドリンク、めちゃおいしかったあ」と言いたくなることが価値なのであったとしたら、あまり拡散しないのでは、ということなのです。なぜなら、その投稿を見た誰かに「いや、そんなにおいしくないし」と思われたら嫌だな、という思いも同時に出現してしまうからです。

そうではなく、タピオカが持っている物性にこそ、拡散される要素が内包されていた、と言うのです。

「このタピオカ、めちゃくちゃデカかったんだけど」（たしかにデカイ）

「このタピオカ、めちゃぶよぶよしてるんだけど」（たしかに歯ごたえすごい）

「タピオカの量が半端ないんだけど」（たしかにすごい量が入ってる）

というように、物性的な価値がタピオカドリンクに入っていたからこそ、否定し得ない価値を伝達することができて、結果として、あらゆるところで放射状に価値拡散が行われたという仮説です。

否定されるおそれのあるものは、拡散されにくい

この話を聞いて、私は、当時のインスタグラムを分析してみました。英語のハッシュタグのランキングと、日本語でのハッシュタグのランキングを調べてみました。すると、面白いことが発見できたのです。

英語での1位は「#ＬＯＶＥ」でした。

一方、日本語での1位は「#猫」でした。これは、1位以下のランキングも、同様の傾向が見られました。英語では、「#LIKE」「#Myfaborite」など、自分の「感情のシェア」が続々とランクインしている。日本語は、「#ファッション」「#ランチ」「#ネイル」「#旅行」など、感情のシェアではなく「カテゴリーのシェア」が上位を占めていたのです。

ここから見えてくるインサイトとしては、**日本において、「否定され得る価値の伝達」はなかなか流通しづらい**、というものです。

これは、行動としても表れてきています。たとえば、映画などのコンテンツにおいても、自分の意見を言う前に、レビューを見てから発言している人が多くなっているという傾向です。

「(映画評論家の)○○さんは、ダメって言ってたけど、自分的には最高でした」とか、「○○のおすすめするだけの価値あった、涙腺やばい」など、否定されにくい予防線を張った上での発言がよく見られるのです。

このように、世の中のトレンドを追って、その事象が起こっている背景にはどんなインサイトが潜んでいるのか探っていくことで、強いアイデアを生みだしていく種にもなっていきます。

「インサイト発見力」を向上させるトレーニング①

アイデア筋トレ1で、コンビニでいつもと違う商品を買う、というのはインサイト発見力を高めるために有効な手段ということをお話ししました。

他にも、私が行っている方法を簡単にご紹介します。

ひとつは、自分がターゲットにしていないメディアに積極的に触れて「自分ではない人たち」の意識やトレンド、深層心理などをインプットするようにしています。

すべてをじっくり読んでいくといくら時間があっても足りませんので、時間をかけずになるべくたくさんの雑誌に触れることが大事です。たとえば、20代から30代向けの女性誌の表紙をすべて眺めていきます。さらに、順番にザッピングのように誌面を見て、見出しだけでも追っていくようにします。

このような形で、趣味の雑誌なども含めて、できるだけ幅広く見ていくようにします。

場所は、図書館の雑誌コーナーなどでもいいですが、定額で雑誌の読み放題となるアプリもあるため、そちらもおすすめです。

一方、インサイト発見力向上にとっては、スマホのニュースアプリや動画アプリはあまりおすすめできません。いまは、アルゴリズムによって情報が自分に最適化されてしまうため、「自分以外に向けられている情報」に接触することが少なくなってしまうからです。そのため、ターゲットがセグメントされている雑誌をおすすめしました。

他には、**ネットの声を予想する**ということを行っています。ニュースや世間のホットトピックがあるときに、ネット上でどのような声が多いのかを「予想する」のです。SNSやヤフコメでの声を「予想した後に」答え合わせのようにして見るようにしています。

ネット上での声なので、それがそのまま世の中の意見ではありませんが、ヤフコメはこういう反応の傾向がある、X（旧Twitter）ではこういう反応がリツイートされやすいなど感覚がつかめるようになってきます。

このように日常生活を送りながら、インサイト発見力を高める方法はいろいろと工夫できそうです。皆さんも、自分なりのインサイト発見力を高めていく方法を実践してみてください。

「インサイト発見力」を向上させるトレーニング②

もうひとつ、私が行っていることをご紹介します。

それは、ひとつのインプットから、数珠つなぎのようにして探求を深めていく、というものです。

これは、私が最初からできていたわけではありません。強いインサイトの発見が上手な人たちの真似をしてきました。彼らに「どのようにしたら、そういう発想ができるんですか」と聞いたところ、その人たちが意識している、していないにかかわらず共通して行っていることがあったからです。

それは「ひとつのインプットから、人より多くのことを学んでいる」ということです。どういうことでしょうか。私が、彼らの学び方を取り入れ実践している例を通じて説明します。

たとえば、インプットは、次のような広告コピーとしましょう。

「一冊、同じ本読んでいれば会話することができると思うの。」

これは、1980年に新潮社の新潮文庫フェアのためにつくられたものです。仲畑貴志さんというコピーライターの巨匠が書かれたもので、随分昔のものですが、知っている方も多いでしょう。

このコピーから、学べるものは何でしょうか。

いいインサイトの発見だな、と思って心に刻む。というのは、第1段階の学びでしょう。

そこから、もう少し広げて、「これは本だけではなく、違うものにも応用できるんじゃないか」と考えるのが第2段階の学びと言えます。たとえば、同じスポーツをしていた、同じ音楽をよく聴いていた、同じ食べ物が好き、同じゲームが好き、同じ天気が好きなど、いろいろなものに応用できそうです。

さらに、広げてみると、これは経験や好きというものではなく、逆もあるのでは、と考えるのが第3段階の学びです。あの上司のこういうところが嫌い、レストランでこうされるのが嫌など、嫌いなものが一緒ということでも、人と人の距離感が縮まった経験は、多くの人にあるでしょう。

このように、数珠つなぎで思考を広げていきます。

私は、もう一段階進めて、「このようなことについてすでに研究されているのではないか」と論文などを調べることをしています。ここでは、4段階目の学びになります。この例で言うと、フリッツ・ハイダーという心理学者が、1958年に発表した認知的均衡理論（バランス理論）というものに行き着きました。詳しい説明は省きますが、「好きな相手とは、同じものが好き、もしくは、同じものが嫌いに。嫌いな相手とは、好きなものや嫌いなものが反対であるようにバランスをとろうとする」というものです。

このように学びを広げると、インサイトとして応用ができそうです。たとえば、自己紹介をするときに、ただ自分のことを紹介することに加えて、自分が好きなものや嫌いなものを伝えることが、人との距離感を縮めるための有効な手段である、といった仮説を持つことができそうです。

このような「ひとつのインプットから数珠つなぎで探求」したものを、私はNotionにデータベースをつくってまとめています。意識しないでそういうことができてしまう人もいますが、私のように意識して学ばないとできない方にとっては、有用な方法だと思いますので試してみてください。

コラム アイデア筋トレ5
基準点ずらし

小さな頃の友達とのコミュニティを想像してみてください。

そのときの、コミュニケーション強者が行っていた技を、棚卸ししてみましょう。

たとえば、ドラえもんにおけるジャイアン。

彼の有名なセリフは「お前の物は、俺の物。俺の物も、俺の物！」というものです。

これを紐解いてみると、「価値判断の基準」をジャイアン自身が設定しているのです。傍若無人でもありますし、尊敬できるものでもないですが、ビジネス的には見習うべきポイントがあります。

他にも、ジャンケンをしたときに、図38の手を出した友達はいませんでしたか。グーであり、チョキであり、パーでもあるから最強、といった詭弁《きべん》にやり込められることが私にはありました。

もちろん、これは、どれかが負けで、どれかがアイコで、どれかが勝ちなので引き分けにしかならないのですが、小さな頃の友達は、ルールチェンジャーが多かったのです。

鬼ごっこで、10秒を数えるときに、1、2、3、4、5、6、7、8、9、10というのを3

図38 最強のジャンケン

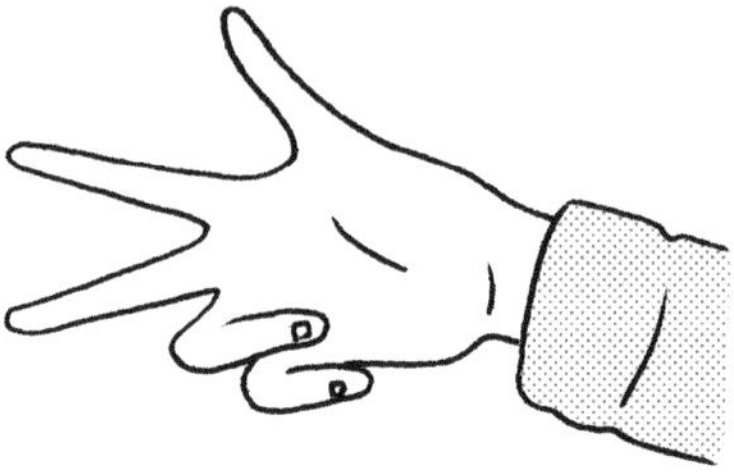

秒くらいで数えてくる子など。彼らは、常にルールは可変なものだと捉えて、チャレンジしてきていたのです。

もちろん、ほとんどが荒唐無稽なものです。しかし、ビジネスの現場では彼らに学ぶべきこともあるように思えます。これまでの常識に縛られて狭いルールの幅で考えすぎてしまっていることはないでしょうか。

そんな視点で見てみると、ルールや、判断の基準を変えるような戦いをしている例を見つけられます。

たとえば、サントリーのザ・プレミアム・モルツは「ビールのうまさは、泡に出る」というキャッチフレーズで「神泡」ということを訴求しています。これは、うまさ、コクなどといったそれまでのビールを選ぶ「基準点」をずらすことを狙っていると考えられます。

他にも、優秀な自動車ディーラーの販売員の方に聞いた話で面白かったものがあります。彼は、多くの販売員が試乗されるお客さまに対して言っている、

「自由にお乗りください」

という声かけは、セールスにおいて無意味だと言うのです。

彼の考えとしては、自由に乗ってもらわないことが大事なのだそうです。つまり、「事前に見るべきポイント」を絞って伝えるべきだというのです。

「自由にお乗りください」と言うのと、「アクセルを踏んだときの加速感、そこだけに注目してみてください」と言うのとでは、試乗後の感想は、それぞれ違うはずです。

「自由にお乗りください」と言ったときの試乗後の感想は、「いいですね」など抽象的な感想が多かったのに対して、「事前に見るべきポイント」にフォーカスした場合は、「加速感やばいですね」など、具体的な感想が返ってきたというのです。

彼が主張するのは、「商品が体験価値を決める」のではなく「事前の情報のインプットによって体験価値は変わる」ということです。

自動車の購買決定が、客観的なスペックの比較ではなく、主観的な納得感だとした

ら、かなり有用なアイデアのように思えます。

このように、これまでの当たり前を疑ってみて、新しい枠組みで捉え直してみる。これまでの「こういう理由で購買決定をする」などといった前提を疑ってルールチェンジしてみる、ということを妄想の中で行っていると、これまで気づかなかったポイントが浮かび上がってくることもあるはずです。

パラダイムシフトという言葉が、日常的に使われるいまこそ、これまで常識と思われていた発想を覆すような「新たな基準点」をつくるというリーダーの発想も大事なのかもしれません。

「ジャンケン、最強！」

こんな小学生からも学ぶものがあります。

第6章

アイデアの実現を加速させるための仲間を増やす技術

アイデアを実現させるためには、仲間が必要

アイデアを個人やチームで生みだし、発展させていくこと。そして、「いいアイデア」を見極める技術について、第5章まで話をしてきました。

ここからは、いよいよアイデアを実現させていくフェーズです。

アイデアについての講義を行うときに、必ずお話しすることがあります。それは、アイデアとは企画をする際にのみ必要なものだと思われがちですが、実行フェーズでも同様にアイデアが必要になってくる、ということです。

ただ発想するだけがアイデアではなく、考えたことを形にするために実行する力にもアイデアは大きく関わってきます。

たとえば、「村の人口を増やす」という課題に向けて、「山村留学を受け入れる」という発想のアイデアを生んだら、それで終わりではありません。

実行するときに「お金はどうするのか?」「都会からどうやって子どもたちに来てもら

うのか？」「子どもの宿舎は？」などなど、考えることは山ほど出てきて、それぞれにアイデアが必要になってきます。

そういう課題に対して、能動的に動いてくれる仲間が増えていったらプロジェクトのスピードは速くインパクトのあるものになってくるでしょう。実行のフェーズこそ、ひとりだけの発想ではなく、周りをどう巻き込んでいくのか、ということが大事になります。

ひとつのアイデアを広げて発展させていく上でも、仲間は重要です。

前出の『アイデアのつくり方』の著者であるヤングも、

「良いアイデアというのは、いってみれば自分で成長する性質を持っているということに諸君は気づく。良いアイデアはそれをみる人々を刺激するので、その人々がこのアイデアに手をかしてくれるのだ。諸君が自分では見落としていたそのアイデアのもつ種々の可能性がこうして明るみに出てくる」

と言っています。つまり、大切なのは「みんなでつくり上げる」という視点です。

何かモノを生産する場合でも、モノやサービスを流通させていく場合でも、アイデアを実現させていくには、仲間が必要です。

社内だけでなく、社外のパートナーにも、きちんと理解してもらい、応援してもらい、「仲間になってもらう」ことが大切になってきます。

では、どうしたら「仲間」を増やしていくことができるのでしょうか。

「仲間になってください」と言ったり、「応援してください」と直接お願いすることでしょうか。もちろん、それも大切かもしれませんが、仲間のつくり方にもアイデアを使えると思います。

デレク・シヴァーズの言う「2人目」の重要性

ミュージシャンや起業家として紹介されるデレク・シヴァーズが、TEDで語った「社会運動はどうやって起こすか」という有名なプレゼンテーションがあります。NHKの番組『スーパープレゼンテーション』の中でも放映されたので知っている方も多いかと思います。

このプレゼンテーションでは、一本のビデオが紹介されます。丘の中腹にあるような芝生の広場で、様々な人たちが芝生に座って談笑しています。すると、その群衆の中からひとりの男性が裸になって奇妙な踊りをはじめます。

しかし、しばらくの間は、何も起こりません。誰も気に留めていなかったり、変な人がいると思って見ないようにしているのか、あえて注目しないようにも見えます。呆気にとられている人もいるでしょう。

ところが、あるひとりによって状況が変わります。

この裸で踊っている男性の隣で、一緒になって変な踊りの動きを真似する人が出てきます。そしてなぜか、とても楽しそうに踊っています。

すると、どうでしょう。このひとりの男性の隣で踊る人によって、状況はさらに変わります。2人、3人とだんだん真似して踊り出す人が増えていくのです。そうすると、さっきまで見て見ぬふりをしていた人も、踊りに参加しはじめます。

そして、この踊りの集団を遠くから見ていただけの人も、駆け寄ってきて踊りに加わります。最後は、ものすごい人数になって、画面に映っている人全員が、踊っている状態になるのです。

あるひとりからはじまった奇妙な踊りが、あっという間に広がり、みんなが参加するものに変わった。この短時間の出来事を紹介しながら、デレク・シヴァーズは、こう述べます。

「最大の教訓は、リーダーシップが過大に評価されていることです。たしかにあの裸の男が最初でした。彼には功績があります。でも、ひとりのバカをリーダーに変えたのは、最初のフォロワーだったのです」

この言葉の通り、誰もが見て見ぬふりをしていたときに、彼の踊りを楽しそうに真似しはじめた最初のフォロワーがいなかったら、この状況は生まれなかったでしょう。

このことは、アイデアを実行して広げていくために、とても参考になると思います。アイデアをむやみに広げていくのではなく、まず、最初のフォロワーをどう獲得するのか。言い換えるなら「仲間」をつくるために、アイデアをどう伝えていくべきなのか。例に挙げた動画のように、最初のフォロワーを獲得するための「伝えるアイデア」を考えていくことが必要です。

ここで大切なのは、いきなり「みんな」や「たくさん」を目指すよりも、「ひとり目のフォロワーを獲得するということに注力する」という視点です。

マーケティングにおいてよく言われるように「みんな」というユーザーはいません。ひとりに絞ってしまうと、みんなに届かないのでは、と危惧されることも多いですが、ひとりにさえも刺さらないような「伝え方」では、誰のココロも捉えることはできません。逆にひとりのココロを動かすことができれば、その人に共感する層にも自然に広がっていきます。

そんな最初のフォロワー（仲間）に向けて、どうアイデアの共有をしていけばいいかを考えていきましょう。

アイデアの共有において大切なのは「応援される」をゴールに置くこと

では、どうアイデアを共有していけばいいのでしょうか。

よく言われるのは、人に何かを伝えるときには、「理解」「納得」「共感」の三段階があり、人とのコミュニケーションにおいては、理解だけで終わらずに、納得、さらに共感を目指しましょうというものです。

1：理解（アイデアの内容が伝わりわかる）
2：納得（アイデアの内容が腑に落ちている）
3：共感（アイデアやその取り組みに共感できる）

このように、「伝わる深度」のようなものがあって、理解や納得で終わらず、共感を目指しましょうというのです（図39）。

これはとてもわかりやすいのですが、私は少し違う理解をしています。

図39 人に伝えるときの三段階

まず、何のためにアイデアを共有するのか、と考えると、そのゴールは「応援される」という言葉に集約されると思っています。

そして、その「応援される」という目的を達成するためならば、その手段はなんでもあり。理解から順番にたどっていくのでもいいし、いきなり共感を獲得するということでもいいのです。

では、なぜ「応援される」ということを目指すべきなのでしょうか。

それは、応援されることがアイデアを実現させるためには、とても大切だと思うからです。

たとえば、プレゼンテーションが行われ

る場を想像してください。プレゼンのようなアイデアを人に伝える場において、聞き手の反応は、大きく2つに分かれます。

ひとつは、論点の矛盾や足りないところを指摘されるという反応。

もうひとつは、こうなったらよくなるんじゃないかと応援されて、次々と建設的なアイデアが加えられるような反応。

発表の内容によって反応に差が出るのは当然ですが、同じようなアイデアでも、前者と後者に反応が分かれるように思います。アイデアを実現させようとするとき、どちらが有利なのかは言うまでもありません。

私は、聞く側が「思わず応援したくなる」後者のような「アイデアの伝え方」をどうやったらつくれるのかを、常に考えてきました。

なぜなら、詳細な事業計画や完璧な企画書をつくるよりも、「応援される」ということをつくれることが大事だと思ってきたからです。

人も、「応援される人」と「応援されない人」がいます。

企業やブランドも、応援されるブランドと応援されないブランドがあります。

アイデアも人も企業も、実は根っこにあるものは同じなのではないでしょうか。

ネガティブ・チェックから抜け出して、次々と協力者が現れて、アイデアが加えられていくような「応援される」ために必要なことを考えていくようにしましょう。

【応援されるためのアイデアを伝える技術①】

「思考のプロセスをそのまま伝える」

まず、アイデアの伝え方というところから掘り下げていきます。

私が広告代理店でクリエイティブ職についていたとき、アイデアの「持ち寄り」という機会が多くありました。テレビCMやキャッチフレーズを考えることから、プロモーションのアイデアやバズを狙った企画やPRまで、クリエイティブ・ディレクターから持ち寄るべき「宿題」が出されて、その宿題を持ち寄り、発表し合う打ち合わせ会議が開かれます。これまでも、その様子について触れてきました。

規模の大きな仕事では、プランナーの数も5人などとなり、他人のアイデアの発表を聞く機会も数多くあります。

そんなときに、先輩や同僚の中でもとりわけ案が採用されることが多い人がいました。「この案を軸に膨らませていこう」とか、「これをベースにプレゼンを組み立てよう」などと採用されることが多い人には、何があるのか観察をしたところ、企画自体がいいこともさることながら、発表の仕方にも工夫があるように感じました。

その人が実践していたのは、「思考のプロセスをそのまま伝えること」です。

アイデアを考えるときに、基本的にパッと思いついたという人は少なくて、前提条件や問題の整理や課題設定から考えていく人が多いと思います。そのときに、「脳内でたどったプロセスをそのまま話していく」と、他者に理解してもらいやすくなります。

「こう考えて、このようなアイデアに至ったのですが、こういう理由でこのアイデアは難しい。そこで、次は、このような仮説を立てて……」というように、自分が考えた過程を順番通り話していくことが、感じ方や立場が異なる多くの人をも納得させるコツであるようです。

さらに、この方法の副次的効果として、チームや仲間とアイデアをつくるときに役立つ情報が含まれるということがあります。たとえば、「この方向でアイデアを掘り進めても、こういう壁にぶつかる」という共有は、他のメンバーの時間の節約になります。

また、思考のプロセスを話す中で、他のメンバーが新たなアイデアの源となる「発想軸」を見つけてくれることもあるでしょう。

【応援されるためのアイデアを伝える技術②】

「抽象↓具体の順番で話をする」

ビジネスの現場においては、「具体的思考力」と「抽象的思考力」の両方が大切だと言われます。でも、最初に他人に何かを伝えるときには、まずは「抽象的」であることが求められることが多いように感じます。

ただ、アイデアを共有する際に大切になってくるのは、抽象的な概念だけではなく、そこに具体性が含まれていることです。

わかりやすく言うと、「抽象↓具体」の順番で話をしていくことが大切です。

試しに弊社の紹介をしてみましょう。

〈抽象だけで構成〉

株式会社Ｑｕｅは、ブランドコンサルティングファームです。

〈具体だけで構成〉

株式会社Queは、広告制作やマーケティング・コンサルティングに加えて、コンテンツ制作を行っています。

〈抽象と具体で構成〉
株式会社Queは、ブランドコンサルティングファームです。広告制作やマーケティング・コンサルティングに加えて、コンテンツ制作を行っています。

抽象と具体の両方で説明したほうが、素直に伝わりやすいですよね。

これを、アイデアの伝え方にしていくとどうなるでしょうか。先ほどからの過疎化に悩む村に人を集める方法というお題で書いてみましょう。

いきなり抽象と具体の組み合わせで構成したものをご覧いただきましょう。

〈抽象と具体で構成〉
課題探求型の山村留学を実施。
山村留学した高校生には、村で暮らしはじめると同時に村役場から「村の課題」をひとつ与えられる。たとえば、村で採れた「かぼす」を使った特産品を開発して村の経済を豊かにする、といったハードなお題。高校生には、村役場、農家、食品加工業者、学校の先生などがサポーターとしてつき、課題解決に向けて最低1年間の取り組みを行う。

この文章では、具体の中でも2段階に分けて書いています。村役場から課題がひとつ与えられるということと、その中身について「たとえば」という例を引いている。そして、かぼすの例があることで、りんごを使った村おこしの課題もあれば、伝統芸能を使った村おこしもあるだろうし……と、イメージは勝手に膨らむでしょう。

このように、具体を入れるときは、氷山の一角ではあるけれど、その氷山の一角の「たとえば」によって、他にもどれだけのものがあるのだろうと、イメージが膨らむのを想像しながら、話を構成することが大事です。

【応援されるためのアイデアを伝える技術③】

「アイデアに1行の名前をつける」

スタートアップ企業の経営者から、投資家や取引先に対してのプレゼンの相談などをされることがあります。そのときに、よくお伝えしているのが、「事業のアイデアそのものに1行ほどの名前をつけてみる」ということです。

その理由は、短い言葉だけで、そのアイデアがどんなもので、どんな可能性を秘めていて、何を解決しようとしているのかなどが伝わることで、アイデア全体への理解が格段に早くなるからです。

そのときに、私が意識しているのは「検証可能な仮説」を含めることができるかどうかです。

たとえば、次のような要領で、アイデアに名前をつけていきます。

「運動を続けられないをゼロにする、フィットネスデバイス」
「観葉植物を枯らすことを半減させる鉢」
「カフェラテと同カテゴリーと思われるような缶コーヒー」

どうでしょうか。

どれも、アイデアのコアとなる「検証可能な仮説」が含まれているかと思います。

アイデアを聞く側も、最初にこのような1行をインプットされると、アイデアへの理解のスピードも深度も格段に高まります。

しかし、この作業、やってみると意外と難しいのです。

なかなかシャープなネーミングにならないのは、ネーミングの技術ではなく、アイデアそのものがシャープな1行をつくることができません。

このアイデアのネーミングを考える過程そのものが、アイデアを洗練させることにもつながっていきます。

また、この1行のネーミングがシャープであれば、アイデアを共有しやすくなるし、その反応もシャープになります。

「言葉は、最速で最安のプロトタイピングツールだ」というのが私の持論ですが、ぜひ、この「アイデアのネーミング」を試してみてください。

「応援される関係性構築」も技術だと考えてみる

さらに「応援される」ということに向けて必要なことを考えていきましょう。

これまでどんなアイデアの伝え方をするのか、という議論をしてきましたが、応援されるというのは、アイデアとは関係ないところでもつくられています。

たとえば、「アイデアはどうでもいい。キミがやりたい、というのなら全面的に応援する」といった類いのものです。実際にこういうことを言われたことがある方は、少ないかもしれませんが、現実にはあり得ることです。

これまでアイデアの話をしてきたのに、身も蓋《ふた》もない話ですが、せっかくなら応援されたほうがいいに決まっています。とすると、応援されるための関係をつくるために、どうしたらいいのでしょうか。

ただキャラクターがいい、なんとなく人当たりがいい、ルックスがいい、といったことではなく「応援される関係」になるための技術がある、という視点を持って考えてみましょう。

【応援されるための関係をつくる技術①】

「目的と理由が明確」

どんな目的を持っているのか伝わることが、応援されるためには必要ですし、仲間も集めやすくなります。ただ、目的については、何のためにという理由も含まれていることが大事です。

昔話に出てきた桃太郎は、「鬼を倒す」と言って、猿や犬や雉《きじ》などの仲間を集めて鬼退治に出かけます。しかし、このお話を聞きながら「なぜ鬼退治に行くのだろう」と幼いながらに疑問に思っていたことを思い出します。鬼が人間の生活を脅かしたことはたしかですが、鬼たちがなぜそんなことをするのかは、わかりませんでした。

退治しなければいけない悪いことって何だろう、退治することで何が変わるんだろう、ということがよくわからなかったので、私は桃太郎の話に共感することができませんでした。

一方、漫画『Ｄｒ．《ドクター》ＳＴＯＮＥ《ストーン》』の石神千空《いしがみせんくう》に対しては、応援したいという気持ちが湧いてきます。ちなみに『Ｄｒ．ＳＴＯＮＥ』とは、人類が石化した数千年後の世界で、天才高校生・石神千空が科学の力で文明を復活させていく物語です。なぜ、応援したいと思うのか、考えてみると3つの応援したくなる要素が主人公の「目標」の中には含まれています。

①その未来にワクワクできるか

人類が石化してしまったおよそ3700年後の世界において、絶望するのではなく、人類が消えて滅んだ世界で自力で文明を再建し、すべての人を蘇らせていくという壮大で熱量のあるビジョンを持っていること。

②それは、その人や組織にしかできないこと

少年ながら天才的な「科学の徒」である彼の中にある膨大な知識と、それを実現させる粘り強さと信念が感じられること。

③目標達成への道筋がおぼろげながらも見えること

石化が解かれた仲間たちの協力、そして、人類が石化してしまったときに宇宙にいて石化を免れた父とその仲間の宇宙飛行士たちの末裔の協力によって「科学王国」は夢物語ではなく実現に向けて動きはじめていること。

これは、企業も同じです。

Googleは、２００４年に株式公開をするときに、「Googleの使命は、世界中の情報を整理し、世界中の人がアクセスできて使えるようにすることです」というビジョンを掲げました。

こんな未来にワクワクできるビジョンに加えて、ラリー・ペイジとセルゲイ・ブリンという創業者２人が、スタンフォード大学の博士課程に在籍していたときに、ページランクという技術によって革新的な検索エンジンをつくりだした、という彼らにしかできないことがあること。

そして、「世界中の情報」というものをウェブサイトに限らず、論文、地図、画像、位置情報などあらゆるものに広げ、彼らが実現しようとしている未来がおぼろげながらに見えてきていること。

そのことから私は、Googleに対して、「応援したい」という気持ちを抱いているのです。

また、ソニーがパーパスとして2019年に定めた「クリエイティビティとテクノロジーの力で、世界を感動で満たす。」ということに対しても、同様に「応援したい」という気持ちが起こりました。

こちらも、同じように、その未来にワクワクする、ということに限らず、彼らにしかできないことがあり、そして、その実現に向けて動き出しているものがあり、できそうだと感じさせてくれる、という3点が満たされています。

「主人公力があるか」

もうひとつが、「主人公力」というあえて変わった定義をしました。

先ほど、漫画『Dr. STONE』の石神千空という主人公を挙げました。他にも、ワンピースのルフィであったり、スラムダンクの桜木花道、ドラゴンボールの孫悟空など、読者や視聴者が「作品」を見ているときに、つい応援してしまう主人公には共通する「主人公力」というものがあります。

「主人公力」は、以下の6つの要素に分解できます。

①夢中力：応援されなくても勝手にやっている

目的のために、圧倒的な熱量で取り組んでいること。そして、応援されたくてやるのではなく、応援されようとされなかろうと、勝手にやっていること。見ている側を、その夢に「乗りたい」と思わせるような力。

②Ｉではなくｗｅ：利他の気持ちがベースにあること

自分のためにやっていると思わせない。誰かのために、未来のために、行動を起こしていること。

③スピード感がある

考えているだけでなく、スピード感を持って実行していく。見ている側も、本来だったら自分も行いたいけれど、自分がやれることには限界があるから、スピード感を持って行動をしている人を応援したくなる。

④成長力がある

目を見張るほどの成長をしていると、そのポテンシャルにかけたくなる。

⑤背景のストーリーがある

共感できることが、その主人公の背景にあること。わかりやすいのは、ディズニー映画の主人公に多くあるような弱者だった主人公のサクセスストーリーなど。この事業をやるべき動機と結びつくようなストーリーだと強い。

⑥みんなが知っている

作品なので主人公はみんなが知っていますが、実際は、伝えなければ誰にも知られることはない。「知っていたら応援したのに」などと言われたら不幸なので、知ってほしい人に知られる努力が必要。

この主人公力は、「応援したくなる企業」やビジネスにおいて「応援される人」にも共通するところがあります。先ほど例に挙げた、Googleやソニーにおいても、この6つは、当てはまるのではないでしょうか。

【応援されるための関係をつくる技術③】

「ヴァルネラビリティ」

私は大学院で、情報組織論・ネットワーク論・コミュニティ論を専門とする金子郁容さんと、アメリカ研究・文化政策論・パブリックディプロマシー・文化人類学を専門とする渡辺靖さんの下で、どうコミュニティを形成して社会問題の解決を図っていくか、といったことを学んでいました。

金子さんは、ボランティアという概念を広げた方でもあって、『ボランティア　もうひとつの情報社会』（岩波新書）という書籍を著しています。

その中で、私の記憶に強く残っているのが、

「誰かがパレードの先頭に立たないとね」

というボランティア活動家、モートン・ウェイバー氏の言葉です。

金子さんは、この言葉を次のように紐解いています。

「ボランティアの選択する、この『ひ弱い』、『他からの攻撃を受けやすい』ないし『傷つきやすい』状態というのをピッタリと表す『バルネラブル（vulnerable、名詞形はバルネラビリティ vulnerability）』という英語の単語がある。」

この概念は、ボランティアの文脈を超えて、福祉の分野でも広く使われているし、勇気・心の弱さ・恥などの研究を行っているブレネー・ブラウンのＴＥＤの講演「傷つく心の力（The Power of Vulnerability）」でも広く知られるようになりました。

モートン・ウェイバー氏の話に戻しましょう。

誰かがボランティアを始めるということ、それはパレードの先頭に立つようなものです。パレードの先頭は、どうしても多くの人に注目されます。目立つがゆえに、批判や中傷の対象にもなります。それは非常にヴァルネラブルな境遇だと言えます。

しかし、だからこそ周囲は、その存在に気づくことができるのです。そして、協力しようという可能性が生まれるのです。

ボランティアに限らず、ビジネスや何らかの活動において「応援される」ためにも同じことが言えるでしょう。安全圏の中で、いくら素晴らしいプランを話しても、理解はするけれど応援したい、という気持ちが芽生えるまではいかないように思います。ヴァルネラブルな状態に自らを置いて、目的に向かって前進している姿をさらけ出すことも必要なのです。

業界1位の企業よりも、追従する2位以下の企業のほうが「応援される」対象となることが多くあります。それは業界のトップシェアの企業が、業界や社会をよりよくする「パレードの先頭」に立っているようには見えず、自分のシェアを守ることに躍起になっていたり、消費者のためになるような変革にブレーキをかけているように「見える」ことも要因のひとつでしょう。

会社の組織においても同じです。社長や経営陣が社内をはじめとしたステークホルダーから批判され「応援されていない」状態にあることが多々あります。

事実として保身に走っているなら打つ手はありませんが、そうでないならば、ヴァルネラブルな状態に身を置いて、あらゆる決断を行っていることを伝えていくことで、もっと応援される状況はつくっていくことができるはずです。

アイデアを生みだし推進していく当事者が、どれほどパレードの先頭に立っているのか。どれだけ、みんなの未来を一緒に考えるような当事者意識を持っているのか、を伝えることによって、アイデアの評価は変わってくるのです。

【応援されるための関係をつくる技術④】

「共感と想像を呼び起こす言葉を使う」

1960年より少し前の話です。

アメリカは「世界一、科学と技術が進化した国でなければならない」と表明しましたが、実体がなかなか追いついてくることはありませんでした。

しかし、1962年9月12日、ジョン・F・ケネディは、“We choose to go to the Moon”（我々は月に行くことを選択した）と宣言しました。アメリカの科学技術はそこから劇的に進化したと言われています。

同じような例が日本にもあります。

ソニーがトランジスタラジオを開発したときに、技術者たちに経営者が伝えたのは「世界一小さいラジオをつくれ」ではなく、「ポケットに入るラジオをつくれ」だったのです。

この2つの事例から見えてくることは、同じ未来へのビジョンの表明であっても「言い方」によって、異なる作用をする、ということです。

両者に共通するのは、「汎用的」な言葉を避けて「具体的」な言葉を使ったというところです。

世界一、新しい、まだ見ぬ、かつてない……。つい使ってしまいそうな便利な言葉は、どんなものにも当てはまる「汎用的」なものです。

しかし、それは、ビジョンとして使うと作用しない言葉でもあるのです。

汎用的な言葉は、すべてを言い表せてはいる言葉です。

しかし、言葉は、「正しく言い表して伝える」ことよりも「どう伝わるか」を意識することが大切になってきます。

言葉を受け取った側の想像力が掻き立てられて、その未来にワクワクできるかは「具体の言葉」のところにコツがあります。

伝える相手の想像力をいかに掻き立てられるか

抽象的で汎用的な言葉よりも、具体的な言葉がチカラを持つことがある、ということは、短歌など定型詩からも学ぶことができます。

たとえば、次のような短歌は、いかがでしょうか。

「駅前のおもちゃ屋さんが店を閉じわたしの町はえくぼを失う」（松井多絵子）

私は、この限られた文字の情報から、次のような想像を掻き立てられます。

急行、快速も止まらないような小さな駅。駅前からわずかに広がる商店街。全国どこにでもありそうなひとつの駅前から、唯一あったおもちゃ屋さんがなくなった。

ネットショッピングや大型店舗があるから事足りている、と思っていた人でも、いざ閉店ということを知ると、なぜか寂しい気持ちになる。まるで、その町の大切なチャームポイントがなくなってしまうような、寂しい気持ちがこみ上げてくる。

おもちゃ屋さんを「わたしの町のえくぼ」と表現したことで、なぜこんな気持ちになるのかという輪郭を描き出してくれています。

言語化は、つい、ロジカルなことだけを重視しがちですが、伝える相手の想像力をいかに掻き立てられるかによって、伝わる「深度」が変わってきます。

そういう意味でも、どんな具体例を持ってこられるか、ということや、レトリックや日本語表現にも注力すれば、そのビジョンやアイデアに対して、もっと強い共感を得ることができて、協力したくなる気持ちを強くすることができるのだと思います。

コラム アイデア筋トレ6

文体練習

今回は、本の紹介をしたいと思います。

この本は、私にとって大事な一冊。最も影響を受けた本を一冊挙げるとしたら、この本を挙げるのでは、というくらいのレベルのものです。

レーモン・クノーというフランスの作家の『文体練習』というものです。レーモン・クノーといえば映画化もされている『地下鉄のザジ』のほうが有名かもしれません。

この『文体練習』ですが、あらすじは、とてもシンプルなものです。

主人公がバスに乗っているとき、首が長く奇妙な帽子をかぶったひとりの男が別の乗客と口論しているのを目撃する。そしてその2時間後にある広場でまた同じ男が、「オーバーコートにもうひとつボタンをつけるべきだ」と服装のアドバイスを受けているところに出くわす、という、どうでもいい出来事がストーリーとして描かれています。

しかし、この本は『文体練習』というタイトルのようにこのどうでもいい出来事を、なんと99通りの書き方で描いているのです。

第2番では、わざとくどくどと書く。第3番ではたった4行にする。第4番では隠喩だけで書く。第5番では出来事の順番を逆にして倒叙法で書く、というように、次々に文体を変えてみせていくのです。

こうして99番では、5人がカフェで雑談をしていると、そのうちのひとりが「そういえばさっきバスの中でね」という具合に、会話の中にさりげなく例の出来事が入ってくるというふうになり、さらに付録として俳諧の一句のようなものが提示され、それで文体練習全体が終わるというふうになっています。「バスに首さわぎてのちのボタンかな」。

この本に対して、松岡正剛さんは「千夜千冊」の中で「編集稽古の原典である。編集工学のためのエクササイズのバイブルである」と絶賛されています。

私は、この本は、アイデア発想において大切な「複眼思考」を鍛える筋トレになるものだと思っています。

第2章で問題をどう発見していくかという説明をしたときに触れた「複眼的な観察」とも共通する考え方です。

複眼思考とは、ひとつの視点にとらわれないで、複数の視点から物事を見つめること。多面的な思考や、多角的な思考とも言い換えることができます。

多面的に視点を自由に動かしながら考えることこそが、たくさんのアイデアを出すための大切なポイントです。

ということで、私は、この本を読むだけではなく、その「続きを書く」ことで、アイデア発想の筋トレを行っています。つまり、文体練習の100番目から自分がさらに新しい文体で書いていくのです。

どのようなものを書いているのか。ご紹介させていただきます。

その前にまず、原文をご紹介しましょう。

【原文】

S系統のバスのなか、混雑する時間。ソフト帽をかぶった二十六歳ぐらいの男、帽子にはリボンの代わりに編んだ紐を巻いている。首は引き伸ばされたようにひょろ長い。客が乗り降りする。その男は隣に立っている乗客に腹を立てる。誰かが横を通るたびに乱暴に押してくる、と言って咎める。辛辣な声を出そうとしているが、めそめそした口調。席があいたのを見て、あわてて座りに行く。

二時間後、サン=ラザール駅前のローマ広場で、その男をまた見かける。連れの男が彼に、「きみのコートには、もうひとつボタンをつけたほうがいいな」と言っている。ボタンを付けるべき場所（襟のあいた部分）を教え、その理由を説明する。

『文体練習』レーモン・クノー（著）、朝比奈 弘治（翻訳）よりこちらをベースにしながら、いろいろな文体や視点で書いていきます。それでは、少し恥ずかしいですが、私が行ってみた文体練習を公開します。サラッと読み飛ばしてみてください。

文体練習のつづき①：ぐちっぽい運転士

木曜日は、嫌いだ。S系統が担当だからだ。S系統は、とりわけ混雑が激しい。道はもちろん、車内も。混雑したバスは、嫌いだ。アクセルを踏んでも、老人が腰をあげるようにしか発車できない。「よっこらしょ」そんな感じだ。「よっこらしょ、よっこらしょ」、どうしても急発進になる。混雑した車内の人たちは、前後に揺れる。たぶん、乗り心地は最低だろう。停留所Tから停留所Uまでの間だったから午前11時13分ごろだったと思われる。若い男が、急に怒りだした。乗り合わせた乗客に、文句をつけている。その声は、ひどく弱々しいものだったので、大事にはならないだろう、と思えたが私の心中はおだやかではなかった。こういう揉め事は、最終的に運転が荒いからだろう、と私にとばっちりがくることが多いのだ。私は、その若い乗客が降りるまで、できるだけ慎重に運転をした。そして、耳は後ろの乗客の方に集中しながら。

Z駅でその男は降りた。終点だ。降りる様子を見ると、首がひょろながい、風変わりなソフト帽をかぶっていた。

なんだか私は、ほとほと疲れてしまい、午後のシフトを交代してもらい家に帰って休むことにした。

文体練習のつづき②：つり革の視点から

引っ張られるのには、もう慣れている。体重をかけられるのも、乱暴されるのにも、もう慣れた。毎日、同じ繰り返しだ。変化のない日々、それが俺の全てだと思っていた。そんな俺にも、感情はある。まぁ、本当のことを言えばないのだけれど、俺の中ではあると思っている。嫌いな人もいるし、好きな人もいる。仲間とは、いつも同じ距離をとって、離れているため、人間のほうが親近感がある。だから、俺には感情があるのだ。

混雑する時間だった。俺に、嫌いなタイプの男が手を掛けていた。掛けているといっても、小指一本で絡ませる程度、バスが揺れるたびに、指が外れる。ぎゅっとつかまれるのはいいけれど、そういうのは嫌いだ。俺の存在意義に関わる。隣には、ソフト帽を被ったキレイに首が生えた男がいた。彼は、きゅっと仲間のつり革を握っていた。

彼が、俺のところに来てくれればいいのに、とずっと思っていた。また、バスが揺れた。そして、また俺の男の小指が外れる。男の体が揺れて、ソフト帽の彼の体を押す。不快だろう、と思っていたところ案の定、ソフト帽がキレた。仕方ない、俺だって同じ状況だったらキレる。だから、気の毒に思ったよ。弱々しい、怒り慣れていないだろうめそめそした口調が、より哀れみを増していた。ソフト帽は、席があくとそそくさとそこに座った。それ以来、彼をみていない。いまだに、キレイに三つ編みにされた彼のソフト帽の紐を思い出すのだ。彼は、元気にしているだろうか。

さて、いかがでしたでしょうか。

自分も書いてみたいと思っていただけたら嬉しいです。

私の書いた文体練習のクオリティは置いておいて、アイデアを出していく上でも、編集をする人にとっても必読の本だと思います。現在、2つのバージョンの翻訳が出ていますがどちらも素晴らしい内容です。私は、どちらかといえば前から出ている朝比奈さんのものが好きです。翻訳もひとつの文体練習だと思うと、読み比べてみるのもいいかもしれませんね。

第7章

成長しつづけるためのアイデア

消費のスピードに抗うために

ＳＮＳの広がりなどによって情報の流通は「爆発的」と言えるほどのものになりました。そして、それに伴って「消費」のあり方自体も大きく変化しました。

私のところには、アイデアによって生まれた商品をどう売るのか、という相談が多く寄せられます。

その中で近年多い相談が、新商品の売上を「いかに垂直的に立ち上げるか」というものです。

しかし、それだけで本当にいいのでしょうか。

垂直的に立ち上がっても、あっという間に消費され、すぐに「古いもの」「過去のもの」となってしまうことがあります。一時の話題になりながらも、あっという間に消費者から見捨てられてしまうものも多く見受けられます。

情報の消費のスピードが速くなっている中で、私は「消費されない消費はつくれるのか」ということを問いとして持っています。愛情と熱量を持って生みだした商品やサービスが、一週間やそこらで消費され尽くしてしまっていいのでしょうか。

世の中全体にとっても、生産活動が結果として「ゴミ」を生みだしている、ということになっては、悲しいことです。

即座に消費されてしまうことなく「成長しつづける」ブランドや商品・サービスを生みだすには、企業や組織の消費に対する「スタンス」が大事になってきます。この章では、この点について考えたいと思います。

マザーハウスの場合

第1章の冒頭でも触れましたが、マザーハウスというバッグやジュエリー、そして、アパレルまで展開している企業があります。２００６年に創業したこの企業は、「モノづくり」を通じて「途上国」の可能性を世界中に発信していくことを目指しています。

現在、代表取締役副社長の山崎大祐さんとは大学時代に同じゼミだったこともあり、２００６年当初からお手伝いをさせていただいています。創業当時に、企業の中心となる言葉（ミッション）を一緒につくらせていただきました。その言葉が、ブランドが拡大していくコアにあったように思います。

その言葉（ミッション）は、

「途上国から世界に通用するブランドをつくる」

というものです。

当時、社長の山口絵理子さんが抱いていたことは、フェアトレードなど発展途上国が自分たちで産品をつくり自立を促している仕組みがあるけれど、それは本当に彼らのためになっているだろうか、という疑問でした。

たとえば、フェアトレードの作物をつくって輸出をするということがあったときに、3年間は同じ価格で買い取るという「契約」を農家とする。それは、農家の人たちが中期的な安定収入の見通しを持ってライフプランを立てることができて自立に向かっていくことができる、という考えから導入されているものでした。

しかし、蓋を開けてみると、作物の品質は、1年目よりも2年目のほうが悪く、3年目はさらに品質が落ちていく。フェアトレードの3年契約が終わった4年目には、とても市場に出せるような品質ではなくなっている、ということが多々あるということなのです。それは、人間の甘えのようなものをベースにした問題でもあり、先進国と途上国という関係に起因する問題だとも言えます。

フェアトレードというラベルが貼られたコーヒー豆が、先進国では売られています。これらは、通常のコーヒー豆よりも100円や200円高くても購入されています。しかも、味は他の商品と比較して落ちるものであったとしても売れています。

これらを支えているのは、「善意」です。途上国の恵まれない人たちのために少しでも支えになれば、という思いで「普通の感覚」では選ばない消費行動が起こっています。この善意に支えられた購買行動が、社会を本当によくしているのか、ということへの疑問がマザーハウスの中にはありました。

自立支援ということから行われているフェアトレードのフェアとは何か、本当のフェアというのは別のところにあるのではないか。そういうことを考える中で、「いいもの」「本当にほしいもの」でなければ買わない、というジャンルで勝負することが本当のフェアトレードなのでは、と考えたのです。

それが、ファッションというカテゴリーでした。

いくら理念への共感や、活動への賛同があったところで、身につけて恥ずかしかったり、ココロからいいと思えなかったら購入はしません。なぜなら、購入しても身につけなかったら、ゴミを生むだけになってしまうからです。

そのような意味で、ファッションで勝負することは「途上国と先進国の関係」としてもフェアなことのように思ったのです。

しかし、それは、茨の道でもありました。なぜなら、世界中のファッションブランドを当時いくつも書き出してみたときに、ひとつとして「途上国発」のブランドがなかったからです。

どのような言葉をブランドの軸に据えるのか、と考えると迷いがありました。社会的な思いがある企業や団体は、崇高ではあるけれど、独りよがりになりがちです。そこで、消費者にとってどんな便益があるのか、という言葉を書いたり、この企業の活動によってどんな社会が生まれるのか、ということも書いたりしました。

しかし、どの言葉もしっくりしませんでした。

そこで、初めて山口絵理子さんと会い、彼女から聞いた言葉に、私の心が動き、どうしてもこのブランドを成功させたいと思った根本を、ストレートに表現することにしました。

そして、大きなチャレンジとして「途上国から世界に通用するブランドをつくる」ということを企業の目標に据えたのです。

これだけの強い思いがあり、しかも、未来への解像度も高いからこそ、マザーハウスは応援されて、仲間を集めることができました。

「自分には関係ない、という人も、そういう取り組みが世の中にあることに対して賛同するし、請われれば、その未来の実現のために手伝いたいという気持ちを起こす」ことが実現できたのだと思います。

この言葉をつくっていくときに、ひとつだけ、大事にしていたことがあります。それが、「賞味期限」を限りなく長くするためにはどうするべきか、ということです。その考えを基につくったのが「問いが内包されている」ということです。ミッションと照らし合わせながら、その時々で「仮説」を持ち、実証できる原点をつくれることです。

途上国から世界に通用するブランドをつくる（マザーハウス）

「約束」であるゴールが現時点の問題から明確であること（世界中のファッションブランドを見て途上国発のブランドがひとつもない）。

「通用する」という言葉に「程度」が含まれていて、当初は、先進国発のものと比較しても遜色ないレベルに。現在は、途上国発ということを知らなくても、買いたくなるブランドになること。

だからこそ、創業してから20年近く経ったいまも、企業のコアでありつづける言葉にすることができたのだと思っています。

個人の思いから広がったクエストロの活動

もうひとつ、事例をご紹介しましょう。

QUESTRO（クエストロ）という私が個人的な思いから立ち上げたチームがあります。子ども向けの映像をつくっているチームで、映像監督や音楽プロデューサー、アニメーター、映像プロデューサーなどが会社や組織を超えてつながっています。現在では、『シナぷしゅ』というテレビ東京系の番組へのコンテンツ提供などを行ったりしています。

このチームを立ち上げたそもそものきっかけは、漠然とした問題意識からでした。

スマホの普及などにより、誰もが「つくり手」になることができて、誰もがカンタンに情報発信ができる時代になりました。撮影することも、編集することも、特別なことではなくなりました。自分で映像を制作し発信し、それで生計を立てていくYouTuberも増え、小・中・高校生が将来なりたい職業にランキング入りして話題にもなっています。

しかし、映像のつくり手でもある私としては、少し気になることがありました。

それは、どんな動画のチャンネルが人気があって、どんな動画が多く見られているか当時、改めて見てみたのです。２０１７年当時の動画再生数ランキングを見ると、上位20位のうち１／３が未就学児を対象にしたチャンネルだったのです。

もちろん、それ自体に対しては、そんなものか、という感情もありました。しかし、同じような動画ばかりじゃないか、とも思ったのです。

０～１歳くらい向けであれば、ひたすら「いないいないばあ」をしているだけなど、１本の動画を観るのも、10本の動画を観るのも変わらないように思えました。中にはいいクオリティで制作者が工夫してつくっている動画もあるのですが、「クオリティの低い動画」が量産され、多感な幼児期に触れさせつづけている現状があると思わざるを得ない状況でもありました。

これは、撮影や編集の巧拙ではなく、「企画」や「狙い」がないことが問題だと捉えて、数字を稼げた動画を模倣して、いろいろな人が同じ企画のものをコピーして大量生産していることが問題だと思ったのです。

映像に関わる仕事をするプロとして、この現状に対して何かできることがあるのではという問題意識を持ちました。

Eテレが、クリエイターの手によってクオリティが高まり、子どもにとってのテレビの価値を再び高めたように、インターネット配信される動画も、クリエイターの手で、価値あるものにすべきだと思ったのです。

子育て中の親に聞いてみると、「できることなら観せたくない」という意見がほとんどという状況でした。

「ぼぉっと口をあけて観ているんで、よくないなぁと思っている」

「料理をつくんなきゃいけないときに、静かにしていてほしくて、つい、スマホを渡しちゃう」

「本当は観せたくないのですが、テレビよりも食いつきがよくて、ずっと観つづけているから……」

「電車に乗っているときとか、外食中、動画を観せていれば静かにしていてくれるから」

といった意見が聞かれました。

積極的には「観せたくない」コンテンツなのに、視聴数が爆発的に伸びている現状。外でぐずって仕方ないとき、料理や掃除など子どもに落ち着いていてほしいとき、仕事や疲れで子どもの相手ができないとき……よくない、と思いながらも仕方なく観せているという歪んでいる現状に着目して、クエストロの活動はスタートしました。

子どもの「観たい」と、親の「観せてもいい」は重ねられるはず。赤ちゃん学や幼児発達学などの観点から、コンテンツを作成するなど、工夫をすれば親が子どもに触れさせるときの「罪悪感」を減らすことができるはず。幼児教育の重要性にますます注目が集まり、様々な学校や教育サービスも生まれているいまだから、本当に価値のあるコンテンツをつくっていきたいと思いました。

クエストロという名前は、Quest（探求）とMaestro（巨匠）を組み合わせたもの。子どもたちの探求する心に敬意を持って、彼らと一緒に探求できるようなコンテンツをつくりたいと思いました。

幼児教育のプロは、メンバーの中にいません。しかし、反応がわからない幼児に対して「仮説を持ってコンテンツをつくる」ことが、クエストロらしいアプローチだと位置づけました。

たとえば、

図40 親子手遊び「パン」のシリーズ

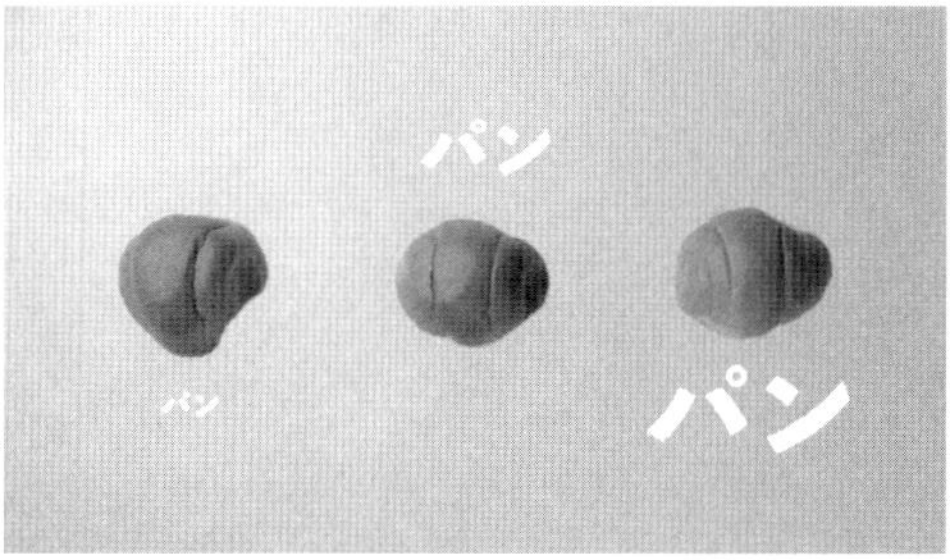

「問い：日常の中で使われるような親子手遊びはつくれるか」

このような問いから生まれたのが、「パン」のシリーズです。

子どもたちが大好きなパン。様々なパンのリズムに合わせて手を「パン」と叩くようなものです。パンが3つあれば、パンパンパンと3回叩く。クリームパンが出てくれば、パンのところで一緒に手を叩く。パンを食べるときに、親子で一緒に手を打ち鳴らすようなコミュニケーションが生まれればと思ったのです。

この動画は、とても評判がよく、普段、手遊びに反応しないようなお子さんも反応したといったような声をよく頂いています。そこで気をよくした我々は、「ドン（丼）」や「トン（豚）」や「チャ（茶）」など、どんどんシリーズを広げていきました。

図41 赤ちゃんでも注視する「レインボースプリング」

このクエストロの活動は、ある出会いによって大きく広がりました。

いいアイデアには必ずいいインサイトがある、と言いながら、赤ちゃんのインサイトは素人である私たちにはわからなかったのです。

そこで、「赤ちゃんが発達していく過程で必要不可欠な能力」について科学的に研究をされている東京大学の開一夫教授にコンタクトをとりました。すると、お忙しい中、時間を割いてくださり、私たちの活動の話を聞いていただけました。そして、赤ちゃんにも私が言う「インサイト」のようなものはあると教えてくださったのです。

そこで、やみくもに仮説を立てるのではなく、研究結果に基づいて映像をつくることにしました。その基になったのは、「物理現象から『外れたこと』が起こったときに赤ちゃんであっても注視は高まる」というものです。

図41のように「レインボースプリング」自体は見ているだけで飽きないものです。それに加えて、撮影したものを途中で逆再生を挟んだりすることで、重力という物理現象からはかけ離れたものになります。すると、どうなっているのだろうという疑問が生まれ、赤ちゃんであっても注視率が高まるのではと考え制作しました。

「あれ、おかしいな」ということから、赤ちゃんの中に疑問が生じて、実際におもちゃ遊びをするときに、テーブルからおもちゃを落としてみるなど、物理的な検証が赤ちゃんにも起こるのではないか、と仮説を立てて映像をつくりました。

クエストロは、名前を「探求の達人」としたように、素人ながらも仮説を持っていることの大切さを追求しています。この仮説を持つ、ということにアイデンティティを持っているからこそオリジナリティのある作品をつくり続けられているのだと思います。

機能する問いを、ビジョンに含ませること

マザーハウスにおける「世界に通用する」ということ。

クエストロにおける「仮説を持って探求する」ということ。

どちらもその時々で変わりながらも、機能しつづける「問い」が込められています。

このような問いつづけられるテーマを持つことが、経営としても、その時々で自分たちがどの方向に向かっているのか再認識させてくれるための「壁打ち相手」になるのだと思います。

このように、企業や事業やブランドにおいて、問いを内包させるには、どうしたらいいのでしょうか。

シンプルな方法として、マザーハウスの例にあったようにビジョンやゴールに対して**「程度の言葉を入れる」**ということがテクニックとしてあります。

「できる限り早く、○○な社会を実現する」
「ひとり残らず、○○な状況から救う」
「最高の方法で、○○を提供する」
「求める人すべてに、○○を届ける」

など、どんな社会をつくりたいか、ということに加えて、どのような「程度」なのかを加えることで、企業や事業の進展具合によって、自分たちが何をすべきなのか、考えるときに立ち戻れる原点ができます。

違った角度から問い直す

既存のビジョンを活性化させるために、「違った角度から問い直す」ということも有効な方法です。たとえば、「人々の幸せをつくる」といったことをビジョンやミッション、パーパスとして掲げている企業は多くあります。

幸せはとても大切な概念ですが、そこから、新しい行動やアイデアが生まれてくるか、と考えると大きな概念だからこそ難しさがあります。

そこで、たとえば、そのビジョンを違った方向から問い直してみるのはどうでしょうか。私たちの事業を通じて社会に幸せを届ける、ということを、「私たちの事業を通じて不幸になる人をゼロにする」と逆側から言い直してみるのです。すると、どうでしょう。

たとえば、自動車会社なら、交通事故をなくすためにできることはないか。モビリティと捉えると、ここに置き去りにしちゃっているような人たちがいるんじゃないか、など自分たちが取り組むべきことが浮き彫りになってきます。

これは「内包されている問い」を顕在化するアプローチだと言えるでしょう。

自分たちの企業や事業、そしてサービスなどが社会で機能しつづけるために問いつづけることを、どう仕組み化していけるのか。

そんな機能する仕組みも「成長しつづける」ためのアイデアと言えるでしょう。

コラム　アイデア筋トレ7

なんとなく好きの「なんとなく」を大切にしよう

旅行に行ったとき、いつもとは違った場所を歩いているとき、何気ないものなのに、ついカメラに収めたくなってしまう風景ってありませんか。

・知らない人とも会話が生まれてしまいそうなバス停のベンチ
・その先に何があるのかワクワクとした気持ちが芽生える小道
・自然の中に置き忘れられたように浮いている郵便ポスト

などなど、どこにでもあるような風景にも、人は惹かれるものです。

いまや、どの観光地も行く前にネットで情報が得られるので、旅に出る楽しみは、自分でこんな何かを「見つける」ことにあるのかもしれません。

『小さな風景からの学び』（乾久美子＋東京藝術大学 乾久美子研究室編著、TOTO出版）という書籍には、先ほど、例で書いたような日常的に存在しているものだけど、人を惹きつけたり、心地よかったりと感じる場所（「生きられた場所」）の写真が掲載されています。この本をつくるために、撮影された写真は、なんと1万8000枚にもなるそうです。

そして、その中から導き出された150の気づきが描かれています。これまでも建築家が場所のリサーチを行い、類型化し、キーワードを使って分析するノウハウ本は多く見られました。しかし、この本は、結論を明確に示していないところに特徴があります。

この本は、一見、ひとつひとつがアイデアを生みだす「道具」にまで昇華されていなくて「ゆるい」ものになっていると言えるのですが、一概にそうとも言えません。というのは、そういう目的で書かれていないからです。

むしろ、厳密にルール化していくときに抜け落ちてしまうようなもの（「〇〇な感じ」など）を大切にしているのです。だからなのか、読んでいて共感するし、楽しく自分も一緒に発見しているような不思議な感覚になれます。日本の名もない場所を旅している気持ちにもなれるので、そういう意味でもおすすめの本です。

これまで、好きなもの、自分のココロが惹かれて行動までも生みだしてしまったものに対して、再現可能なように「なぜいいと思ったのか」「制作者は、何を意図してつくったのか」などを想像して、企画を構造で捉えて「分解」をしましょう、と言ってきました。

一方で、言語化しにくい「なんとなくいい」というものも、大切にしたいと思うのです。

ビジネスにおいて、この「なんとなくいい」は排除されがちですが、ひとりの消費者の視点からは、よくある意識です。

チームにおいては、その「なんとなく好き」「なんとなくいい」という発言を許容することが大切です。

そのひとりの直感に向き合い、なぜ、そう思ったのか、チームみんなで探求していくことが、そのアイデアの根底にあるインサイトなどを発見していくことにつながっていくからです。

おわりに

私が所属している会社のＱｕｅという社名の由来は「Question」からきています。それは、即座に出した「答え」よりも、一度立ち止まって投げかける「問い」こそが、重要であるということを思考の柱にしているからです。検索やＡＩに問いかけさえすれば答えが見つかるような時代に、私たちが提供できるものは何なのか、考えた末に行き着いた取るべき基本スタンスです。

それは、相談をしてくれる方からの問いにすぐさま答えを出すのではなく、ＷＨＹに立ち戻って質問を投げかけることをしていきたい、というものです。それこそが、本当に目指すべきゴールへの近道である、と思ったからです。

Ｑｕｅのタグラインは、Asking the Right Questionsという言葉を掲げています。「正しい問い」ということの言葉は、デカルトの言葉にも同様のものがあります。

せっかくなので、同じ意味合いの言葉を探してみると、いくつもの名言と出会うことができました。

科学者はあらゆる正しい答えを用意する人ではない、あらゆる正しい質問を提案する人だ。（レヴィ＝ストロース）

最も大切なことは、質問をするのをやめないことである。（アインシュタイン）

重要なことは、正しい答えを見つけることではない。正しい問いを探すことである。間違った問いに対する正しい答えほど、危険とはいえないまでも役に立たないものはない。（ピーター・ドラッカー）

どの名言も、「正しい答え」を探すことに躍起になるよりも、まず「正しい問い」を立てることが大切であると指摘しています。

そして、「正しい問い」を探す理由として、もうひとつ別の理由があります。

それは、みんなが「楽しく解きたくなる力」が正しい問いにはあるからです。

「正しい＝真面目」ではありません。

みんなの頭が走り出し、ゴールに向かってチームを巻き込み、率いていくような問い。それこそが「正しい問い」であり、そこにはチームのモチベーションにも寄与する力があります。

本書でも、アイデアにおいて「正しい問い」を立てることが大事だと考えて、その方法論をお伝えしてきました。しかしながら、まだ、完璧なものだとは思ってはいません。だからこそ、よりいいアイデアを生みだす方法にいきつくためには「みんな」の力が必要です。

この本をベースにしながら、読者の皆さんと、よりよい方法を探り、情報交換をしながら「いいアイデアを生みだす方法」をつくっていく仲間となっていくことができたら、これほど幸せなことはありません。

この本は、私ひとりでつくり上げたものではありません。これまで私が仕事を通じて関わってきたクライアント、先輩、同僚、受講生、仲間たちに感謝申し上げます。

さらに、本の中でも触れましたがＱｕｅのメンバーの考え方も多く取り入れています。

これからも、機能する言葉やアイデアをどう生みだしていくか、一緒に考えていきたいと思います。

そして、遅々として執筆が進まない私を温かく見守っていただき適切に導いてくださった編集者の髙野倉俊勝さん、ありがとうございました。

著者

『あなたと読む恋の歌百首』（俵万智著、文藝春秋、2005年12月）

『「エンタメ」の夜明け ディズニーランドが日本に来た！』（馬場康夫著、ホイチョイ・プロダクションズ著、講談社、2007年1月）

『私塾のすすめ――ここから創造が生まれる』（齋藤孝、梅田望夫著、筑摩書房、2008年5月）

『クリエイティブ・トレーニング・テクニック・ハンドブック［第3版］』（ロバート・パイク著、中村文子監修、読み手、訳、藤原るみ訳、日本能率協会マネジメントセンター、2008年9月）

『名文どろぼう』（竹内政明著、文藝春秋、2010年3月）

『赤ちゃんの不思議』（開一夫著、岩波書店、2011年5月）

『アイデア・バイブル』（マイケル・マハルコ著、加藤昌治ナビゲート、齊藤勇監訳、小沢奈美恵／塩谷幸子訳、ダイヤモンド社、2012年2月）

『まほうのコップ』（長谷川摂子著、藤田千枝（その他）、川島敏生（写真）、福音館書店、2012年9月）

『コミュニケーションをデザインするための本』（岸勇希著、朝日新聞出版、2013年4月）

『短歌という爆弾　今すぐ歌人になりたいあなたのために』（穂村弘著、小学館、2013年11月）

『小さな風景からの学び』（乾久美子著、東京藝術大学 乾久美子研究室著、TOTO出版、2014年4月）

『パパは脳研究者　子どもを育てる脳科学』（池谷裕二著、クレヨンハウス、2017年8月）

『好き嫌い　行動科学最大の謎』（トム・ヴァンダービルト著、桃井緑美子訳、早川書房、2018年6月）

『ぼくがゆびをぱちんとならして、きみがおとなになるまえの詩集』（斉藤倫著、高野文子イラスト、福音館書店、2019年4月）

参考・引用文献一覧

『科学と方法』（ポアンカレ著、吉田洋一訳、岩波書店、1953年10月）

『人間の土地』（サン＝テグジュペリ著、堀口大學訳、新潮社、1955年４月）

『思考と行動における言語』（Ｓ.Ｉ.ハヤカワ著、大久保忠利訳、岩波書店、1985年２月）

『アイデアのつくり方』（ジェームス・Ｗ・ヤング著、今井茂雄訳、竹内均解説、CCC メディアハウス、1988年４月）

『基礎日本語辞典』（森田良行著、角川書店、1989年５月）

『感性のコミュニケーション　対人融和のダイナミズムを探る』（ウィリアム S.ハウエル、久米昭元著、大修館書店、1992年６月）

『ボランティア　もうひとつの情報社会』（金子郁容著、岩波書店、1992年７月）

『群衆心理』（ギュスターヴ・ル・ボン著、桜井成夫訳、講談社、1993年９月）

『セサミストリート百科　テレビと子どもたち』（小島明著、教育史料出版会、1994年５月）

『「新訳」現代の経営 上／下』（Ｐ.Ｆ.ドラッカー著、上田惇生訳、ダイヤモンド社、1996年１月／２月）

『佐藤雅彦全仕事』（佐藤雅彦著、マドラ出版、1996年６月）

『文体練習』（レーモン・クノー著、朝比奈弘治訳、朝日出版社、1996年10月）

『中二階』（ニコルソン・ベイカー著、岸本佐知子訳、白水社、1997年10月）

『彼らが夢見た2000年』（アンドリュー・ワット、長山靖生著、新潮社、1999年12月）

『文章表現400字からのレッスン』（梅田卓夫著、筑摩書房、2000年２月）

『死ぬ瞬間　死とその過程について』（エリザベス・キューブラー・ロス著、鈴木晶訳、中央公論新社、2001年１月）

『新・コピーライター入門』（中村卓司監修、小松洋支著、電通、2005年４月）

［著者］
仁藤安久（にとう・やすひさ）
株式会社Que 取締役
クリエイティブディレクター／コピーライター

1979年生まれ。慶應義塾大学環境情報学部卒業。同大学院政策・メディア研究科修士課程修了。

2004年電通入社。コピーライターおよびコミュニケーション・デザイナーとして、日本サッカー協会、日本オリンピック委員会、三越伊勢丹、森ビルなどを担当。

2012～13年電通サマーインターン講師、2014～16年電通サマーインターン座長。新卒採用戦略にも携わりクリエイティブ教育やアイデア教育など教育メソッド開発を行う。

2017年に電通を退社し、ブランドコンサルティングファームである株式会社Que設立に参画。広告やブランドコンサルティングに加えて、スタートアップ企業のサポート、施設・新商品開発、まちづくり、人事・教育への広告クリエイティブの応用を実践している。

2018年から東京理科大学オープンカレッジ「アイデアを生み出すための技術」講師を担当。主な仕事として、マザーハウス、日本コカ・コーラの檸檬堂、ノーリツ、鶴屋百貨店、QUESTROなど。

受賞歴はカンヌライオンズ 金賞、ロンドン国際広告賞 金賞、アドフェスト 金賞、キッズデザイン賞、文化庁メディア芸術祭審査委員会推薦作品など。


言葉でアイデアをつくる。

――問題解決スキルがアップする思考と技術

2024年３月12日　第１刷発行

著　者――――仁藤安久
発行所――――ダイヤモンド社
〒150-8409　東京都渋谷区神宮前6-12-17
https://www.diamond.co.jp/
電話／03･5778･7233（編集）　03･5778･7240（販売）
装丁――――――山之口正和（OKIKATA）
本文デザイン&DTP――二ノ宮匡（nixinc）
イラスト――――田渕正敏
校正――――――聚珍社
製作進行――――ダイヤモンド・グラフィック社
印刷／製本―――勇進印刷
編集担当――――高野倉俊勝

ISBN 978-4-478-11701-9